打造豐盛人生的8個隱藏習慣

金錢買不到的財富

The Wealth Money Can't Buy

The 8 Hidden Habits to Live Your Richest Life

ROBIN SHARMA

羅賓・夏瑪——著　嚴麗娟——譯

購買靈魂的必需品時，並不需要金錢。

——哲學家亨利．梭羅（Henry David Thoreau）

有很多東西，會讓你變得富有？我沒有那種財富。我的財富就是人生。

——雷鬼音樂之父巴布．馬利（Bob Marley）

生命中最重要的東西都不是實際的物品。我想要的都在我面前了。我有風、我有雨、我有雪、我有太陽。沒有大房子、大車子，那又如何。我認識很多有房有車但不快樂的人。

——山居隱士達格．奧比（Dag Aabye）

目錄

財富的第一種形式
成長：每日的自我提升

財富的第二種形式
健全：持續讓健康來到最佳狀態的習慣

財富的第三種形式
家庭：快樂的家庭，快樂的生活

財富的第四種形式
工藝：讓你的工作富含寓意

財富的第五種形式
金錢：富裕是自由的燃料

財富的第六種形式
社群：你成為你的社交網路

財富的第七種形式
冒險：喜悅來自探索，而不是佔有

財富的第八種形式
服務：人生苦短，好好助人

給讀者的訊息

寫下這段話的時候，我正在我的農舍裡。從寫書的房間窗戶看出去，有一大片橄欖園和葡萄園，彷彿要伸展觸及天空的山丘上飄著霧氣。如果你在這裡就好了，我可以當面告訴你我對活得富裕究竟有哪些看法。或許將來有這個機會。讓我想想看怎麼安排。

我寫這本書，是為了幫你活出你心中展望最偉大的人生版本，成就極致。在你翻閱書頁時，我衷心希望你會愈來愈信任我，讓我成為你的同伴、朋友與導師。

胸懷謙卑，我誠心感謝你相信你將在本書中看到的想法都有價值，這些想法告訴你如何讓你的存在充滿真正的成功與真實的財富，絕對不是許多好人腦袋裡被植入的虛假版本。希望這本我投注許多心力的書能幫你享有更美好、更快樂、更勇敢、更緊密相連的人生，並領受無邊無際的內在平靜。

請注意，我所認定偉大而輝煌的人生（也就是這本書的根基）與市面上其他個人發展書籍非常不一樣。我只想請你在閱讀的過程中保持敞開的心態，按著這本書在日常中傳達的實際結果來衡量書中的資訊是否有價值。

好的，開始吧。

我要說一個老故事，主角是一個年輕男孩，每到傍晚，他就在鄉間看著太陽落到遠方山上一棟完美的房子後面，房子的窗戶看起來像是用金子做的。他滿腦子想著未來能有機會踏上旅程，去看看這個地方，也希望自己終究能住進那棟房子。因為這個夢想成真後，他就會得到內心深處渴望的幸福。

等他年紀大了一點，有一天他出發了，去實現他的夢。上路後，他走了很多天，甚至晚上也鮮少停步休息，只靠著陌生人的善意活下來。他們聽到他的雄心是去拜訪那棟有純金窗戶的完美屋子，都鼓勵他繼續走下去。最後，精疲力竭的男孩到了目的地。

可是，那棟房子當然一點也不像他看到的樣子。那是一座破敗的穀倉，說不上完美。窗戶也不是純金做的，又舊又髒，還有裂痕。他發覺從遠處看的時候，穀倉在高山上的位置造成了視覺的幻象：窗戶上的落光讓窗框看似用貴金屬製成。但他在遠方看到的是假象。

唉，該怎麼說我們生活的這個世界！我們被訓練成衡量輸贏的條件是有多少錢、擁有多少東西，以及是否善用最好的時光去追求名聲、財富及影響力。這導致了我們當中有太多人在靈魂深處因自己的人生而不快樂，為自己感到難過，那些我們曾經深信的夢想已經毀滅，取而代之的是成人的責任、生活的壓力和人類的掙扎，所以我們惱火自己再也沒有夢想，只能無聲無息地死去。

當然，金錢很重要。擁有適量的金錢，生活可以過得比較輕鬆，按自己的想法過日子，為所愛的人做好事。有足夠的金錢，會開啟更多可能性，給我們更多選擇。但金錢只是一種財富的形式——事實上，還有另外七種我期待你去注意的形式，讓你變成能在生活中感受到真實的富裕及深刻的活力，符合你一直以來的想望。我將奉上我所有的熱情，來教導你這七種形式，也會教你非常強大的方法，與你一同攜手前行。

有時候，我們太忙著看別人有什麼，而忘了自己擁有的祝福。說這句話的時候，我不光指物質的東西，而是過得美好的人類生活該有哪些要素。因為你我所處的這個世界速度很快、過度複雜且時時處於混亂，那些要素很容易遭到忽略。等你到了生命最後那天的最後一個小時，現在看似不重要的東西會變得很清晰——它們才是最重要的。

我寫《金錢買不到的財富》有很多理由，其中一個是因為地球各處有太多人在受苦。認定和感覺自己擁有的不夠，所以受苦。足夠的金錢。足夠的物質財富。足夠的讚數、粉絲和社會地位。這種不足的感覺進而激發我在我的輔導工作中定義的「不配得的痛苦」。有太多人深深覺得，與他人告知我們的完美和偉大人生比起來，自己就是不重要，就是不成功，活得很渺小。

真相是：你擁有的絕對足夠，也夠獨特，無可否認。你有這麼多的天賦、才華和善意，有那麼多當下就要心懷感激的東西。然而，我們之間卻有那麼多人心裡有個空洞。所以，陷阱出現了：我們無情地逼迫自己，去追尋愈來愈多外在的東西，來填滿那個洞。虛假地告訴自己，有了花也花不完的錢、酷炫的跑車、時髦的衣服和眾多粉絲，某天醒來的時候，很神奇，我們覺得非常好。那種幸福的感覺也會很持久。但你跟我都知道，那一天永遠不會來。因為，外在世界沒有一樣東西能讓你的內心更快樂。禪宗的諺語也這麼說：「無論何往，即是所在。」

所以，有什麼解決辦法？很簡單：社會訓練我們要爬上很受歡迎的成功之山，在這種集體追尋中，你要明白你追求的東西並不會帶你到達真正的成功。因為爬到金錢的頂端，卻覺得空虛、寂寞、不快樂，就不是贏家。你輸了。在我剛才那個故事裡，年輕男孩追求自己的理想，卻只發現是個謊言，你不想和他一樣。

知名的音樂製作人里克．魯賓（Rick Rubin）說：「成功會出現在靈魂的私密空間裡。」世間的成功若無喜悅的心，就是愚人的金子。我謙卑祈願，你體驗成功時，也體驗喜悅。你拿在手上的這本書是我溫柔的禮物，將帶你體驗真正的勝利、宛若騰空的喜悅及讓人類生命變得偉大的魔法——沒錯，就是魔法。我將我的智慧與身心靈全部傾注到這部作品中。希望在你揚升時，能好好托著你。

獻上愛與尊重，

引言

那天晚上，在我們位於義大利鄉間的農舍裡，我和艾兒一起坐在客廳的沙發上。幾年前，我把這一生最重要的財產塞進三個行李箱，搬來這裡。我需要新的冒險，所以賣了房子，送走很多東西，離開我住了五十五年的國家。到羅馬的飛機降落後，我們在行李轉盤旁等待，很興奮即將開始全新的生活。等了又等，接著繼續等。可想而知，行李不見了。宇宙有種很好笑的幽默感，對不對？

反正，這一晚，在我正要向讀者描述的農舍裡，艾兒的小狗荷莉坐在我的大腿上，像隻貓咪一樣發出呼嚕聲——但她真的是狗，現在算是我的小狗吧，因為她幾乎都在我身邊。我叫荷莉「超級好友」，因為在我心目中，她就是我的超級好友。

透過古老的窗框向外看，我看到日落把天空照成了熾熱的火焰，紅色夾著燃燒的橙色，令人迷醉。那就是魔法，最簡單的形式。義大利就是有這種魔力。最近有一個朋友告訴我，「你住在這裡的話，會哭兩次。第一次是你來的時候，因為這裡不是世界上最有效率的地方。然後當你不得不離開的時候，你會哭第二次。」對，義大利就是那麼特別。

艾兒臉上掛著淺淺的微笑，有時眼睛泛著淚光。這是她第一次讀到這本書的草稿。

整個場景超級簡單，且全然地圓滿。

讓我想到這幾個字：「這就是富有。」

我當然不是說我的人生非常完美。完全沾不上邊。我經歷過戲劇性的難關，咬牙度過一些極為艱鉅的時刻。我曾被打倒，被欺壓，遭到背叛，感到深深的錯愕。

我當然也不希望你認為我是某種無所不知的上師。因為我不是。

但是，我發現了怎麼把挫折變成力量，把傷害變成智慧，把問題變成幸運。我掙得了不少來之不易的教訓，學會活得美好，在接下來的篇章裡與你共度時，都會分享給你。

有一次，我請了一位滑雪教練，來改進我的滑雪技巧（因為那就是滑雪教練的工作）。一天，搭著纜車上山時，他說：「你知道的，滑雪教練沒什麼錢，但我們過著很豐富的生活。」他的雙頰總是陽光和冷空氣養出的粉紅色，有深愛的妻子與小孩，一生都住在景色美得令我屏息的山上——我生平見過最富有的人。

這就是《金錢買不到的財富》的宗旨：真正的財富常常就在眼前，我們卻視而不見，因為我們被設定成不去看重這些財富。讓我想到戴爾・卡內基（Dale Carnegie）說過的話：「我們都在夢想地平線那頭有座充滿魔法的玫瑰園，卻不去讚賞今日在窗外盛開的玫瑰。」很真實，對不對？

我想問你：「為什麼我們的文化崇拜億萬富豪，卻不崇拜那個日復一日尋找方法來激勵全班同學的老師？或英勇奉獻、讓我們在社區和家中享有安全的消防員？或孜孜不倦照顧植物，幫鄰居的花草施肥澆水，讓街道景色更為美妙的園藝師？」

這本書要提出全新的成功和財富哲學與方法論，我們從未在學校裡習得、沒有相關訓練，甚至不會有人鼓勵我們去思考。但絕對能帶給你長久的快樂、個人自由和持久的內在和平。

好，我也說過，我確實同意金錢很重要。每個人都有帳單要繳、有義務要履行，也有會花到錢的消遣。有豐厚的儲蓄及財務的豐足，生活的壓力會低一點，更能感受到自由和個人的主權——可以與所愛的人隨興行動、去想去的地方、時間也隨自己定。對，要過上最富裕的生活，金錢是一個要素。這一點，我一定要說得非常清楚。這件事很重要，但不等於一切。

在我將提供給你的學習架構中（多年來，我都用這個架構教導私人諮詢客戶，成果很出色），你會看到財務富足只是財富八種形式中的一種。在將近三十年的經驗中，我指導過不少億萬富豪，許多人是世界級的商業大老、專業運動巨星、電影界的偶像及行動領袖。我可以很有把握地說，其中太多人什麼都沒有，只有錢。他們的現金豐足，但生活貧乏。

在財富的八種形式中，你真的需要每一種都做得很好，才能自稱成功人士，也是一個真能活出豐盛的人。還會活得很美好。

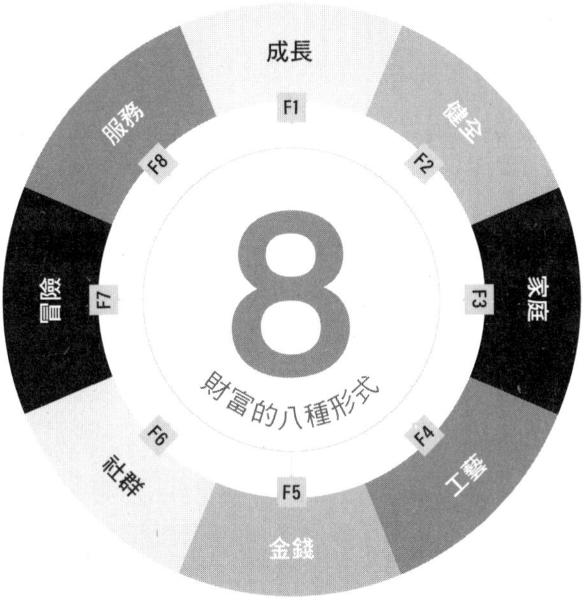

在接下來的篇章中，我們會仔細研究上述財富的八種形式，希望我的說明能幫你輕鬆應用、享受學習過程，並為你的生命帶來充滿力量的改變。每一章都短短的，設計成個人的每日輔導課程，我會提供想法、建議、指引及勵志故事，讓你更能完整活出每一種形式。活出財富的八種形式，你會看到你的獎勵就是最豐富的人生。

財富八種形式的學習模式根據八種看不見的習慣（因為一般人通常不會研究這些習慣），我非常鼓勵大家積極接納：

成長的習慣：每日的自我提升。這個習慣所根據的洞見認為，持續實現個人的天賦及最主要的才華，人才會覺得最幸福，真正來到富裕的頂點。經常追求個人的成長，是一項最有價值的資產。

健全的習慣：持續讓健康來到最佳的狀態。當你能深刻了解真實富裕的基本條件包括最佳的心理、情緒、身體和精神活力，以及享有長壽並充滿能量、健全及喜悅，就奠定了這個習慣的基礎。

家庭的習慣：快樂的家庭，快樂的生活。這個習慣根據的認識是如果你孤孤單單，即使擁有全世界的金錢及物質成功，也毫無價值。因此，與所愛的人增進感情非常重要。讓生活中充滿有意思的朋友，他們能讓你倍感幸福。

工藝的習慣：讓你的工作富含寓意。這個習慣的根基是你隨時都能把你的工作看成崇高的追求和機會，不光是實踐你的天賦，也要讓所在的世界變得更好。精熟的技藝是一種值得投資的貨幣。

金錢的習慣：富裕是自由的燃料。這個習慣的驅動力來自一項原則，財務豐盛一點也不邪惡，更是一項必需品，讓你能活得大方、精采且獨一無二。

社群的習慣：你會變成你的社交網路。這個習慣根據科學的事實，人類的思考、感受、行為和生產力都深受夥伴關係、對話及導師的影響。要過很棒的人生，用很棒的人充滿你的社交圈。

冒險的習慣：喜悅來自探索，而不是佔有。這個習慣所根據的實相指出，能創造出喜悅的並非實質物品，而是神奇的時刻，那時做的事讓我們淹沒在感恩、驚奇與敬畏的感受中。用這些感受讓你的日常更為豐富，你的生命也會上升到充滿激勵的全新宇宙。

服務的習慣：人生苦短，樂於助人。這個習慣的基礎是歷久不衰的領悟，活出豐富人生的主要目的就是讓其他人也過得更好。忘我投入超越個人的志業，你不光能找到最偉大的自己，也會在這個過程中照亮世界。並超越金錢、財物和公共地位的限制，發現真正的寶藏。

好的，再次感謝你，對我的工作有信心，願意加入我的行列。現在，開始吧。我們會用金錢買不到的財富來填滿你的每一天。

財富的第一種形式

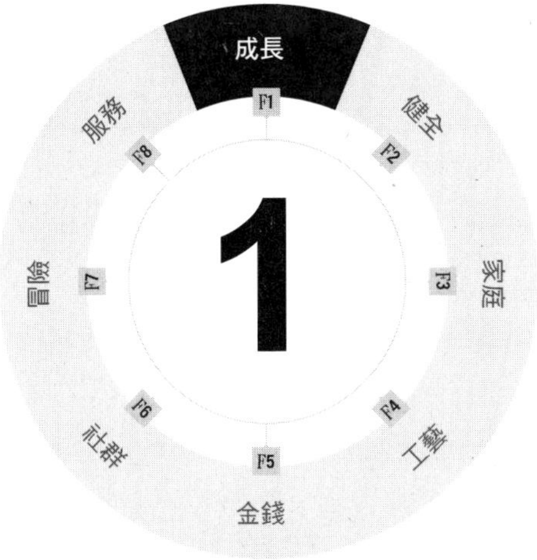

成長

每日的自我提升

在你裡面的財富，亦即你的本質，就是你的王國。

——波斯詩人魯米（Rumi）

財富的第一種形式

成長｜概覽

要成長為你可能達成的最佳狀態，這個獎勵比金錢能買到的任何東西都更為珍貴。個人的技藝精進是一種貨幣，讓你確實很富有。而最有智慧的投資便是讓自己成為能力範圍內最好的模樣。

探索未曾面對的恐懼，釋放造成破壞的限制，冒險踏入天生潛能的未知領域，知道你有多睿智、多強大、多有才華、多有恢復力和多麼能愛人，就能把更多魔法帶進你的生命，勝過一個人能夠成就的名聲、財富和世俗成功。

內在成長與每日的個人發展是非常真實的財富形式，不過我們的社會一般並不看重這些事情。相反地，在現在這個時代，身家億萬的財金大老變成封面人物，有名的運動明星享有顯要地位，而不是看重讓自己心思純良、累積富有的心靈、構造出重量級人格及努力讓心靈攀升的人。對我來說，內在的勝利比世間的勝利重要多了。前者可以持久，後者稍縱即逝。

活出豐富的生命有一些要點，但只因為我們的文化不看重自我提升及不斷實現天生的力量和主要的天賦，不代表你也應該輕忽這些事。你應該要重視。

印度聖雄甘地曾說：「世界上唯一的魔鬼就是在我們裡面亂跑的那些。這才是應該作戰的地方。」所以，相信我：一旦你懂得深化個人成長的價值，你的一切都會改變。因為燦爛的外在生活始於美好的內在生活。你所能創造、生產、成就和品味的，無法超過你的本相。

好的，我的新朋友，讓我們一起探索財富的第一種形式吧。

1

看重你的偉大

很簡單的想法，卻常常受人忽略。讚賞你。讚賞你經歷過的一切，和你現在變成的模樣。讚賞你曾經面對並在其中找到自由的恐懼。讚賞你的夢，你不光夢想，還勇敢去實現。讚賞你幫助過的人和做過的善事。你重要的程度超過你的認知。所以，衡量自己的價值時，別考慮其他人說你應該是怎麼樣、應該做哪些事、應該有什麼。

你和我一起在這裡，絕非偶然。你裡面有個東西想追尋更高的東西——而在我們的文化裡，有太多好人把最寶貴的時刻用來在數位睡眠中夢遊。我感受到，即使人生有時候很艱難，你還沒失去期盼。為了更光明的未來，你護住了你的樂觀，並相信在你的有生之年，靈魂內的那個召喚最後會全盤實現你的道德抱負。

在我有些老邁的雙眼中，這就讓你成為英雄。你經歷了很多。你本來可以放棄。可以變得厭倦、憤世嫉俗、愛批判，並封閉自己的心。

可是，你卻來到這裡。準備提升，急欲前進，誠心讓我當你的導師，透過我的指引追求成長。這個行為表現出極高的勇氣，願意放棄昨日種種，成為明日更好、更有智慧、更健康、更快樂的一個人，你知道嗎？

我也該再次強調，個人發展的工作是你這輩子能做的最好的工作。很多人聽到「自我提升」，會嗤之以鼻，或翻翻白眼，或兩者皆有。然而，以持之以恆並循序漸進的方式進行深度訓練，將人類在日常中感到的不安轉為少見的自信，把個人的限制轉為稀罕的傑出才能，將平凡無奇的度日方式轉為令人屏息的非凡旅程，承兌你生下來就做出的承諾，還有比這更勇敢、更明智的做法嗎？知名金融家華倫·巴菲特（Warren Buffett）說：「你能做的最重要的投資，就是投資在自己身上。」讓世界變得更好，最巧妙的策略就是讓自己變得更好，對吧？

在我的輔導方法論中，有一個概念叫英雄我（Heroic Self，與利己我Egoic Self相反，後者是你虛假、有缺點、受限且充滿恐懼的部分，由負面信念及你過去承受的人類傷害形成），在你改變、提升和校準內在宇宙的同時，你的英雄我也絕對會增大。你和最偉大的自己關係變得更緊密以後，生活中其他的每一種關係都會增強。

累積更有力的知識，與你的英雄我更加親近（透過我要細細解說的原則和工具），你和家人、生命力、工作、富裕、社群、冒險及服務他人的關係也會一起飛升。

對了，現在應該要告訴你，我出身卑微，並非含著金湯匙出生。我在非洲呱呱墜地，爸媽是移民。兩年前，我帶我的終身伴侶艾兒去看我長大的地方。走到那棟房子前面，目前的屋主正在幫草坪澆水。我告訴他，五十多年前，我曾住在這裡。他就讓我們進去了。一位滿面笑容的好人。

離開後，艾兒說：「我從來沒看過那麼小的房子。」我也有同感。

所以，我的成長過程千瘡百孔——跟所有人一樣。整個人填滿匱乏的念頭、膽怯的情緒、不安的感受，運作的方式禁錮我的才華、壓制我的樂觀、扼殺了我的自由。

但有一樣東西救了我，也改變了我：對成長的愛毫無極限（有時候可說是癡迷了）。如果不知道怎麼改善某件事，我可以先學做法。讓我的理解更加豐富後，我滿心渴望想要自己成為的模樣和我夢想能體驗的一切，都會成真。當然，你也做得到。所以，我才會為你感到這麼興奮。

在寫下這些字句的時候，我想起哲學家和作家艾茵·蘭德（Ayn Rand）的文字：

> 別讓你的火熄滅，在不確定、未達成、什麼都沒有的無望沼澤中，用無法取代的火花打出火星。你一直無法觸碰到你應享受的人生，別讓你靈魂裡的英雄因此破滅於孤獨的沮喪。你想要的世界可以贏得，真的存在，是真實的，也屬於你。

這些就是我對你的懇切期待。

2

活出遵循內在改變法則的外在改變

寫下這段輔導訊息時，我確實希望你的心情很好，滿腔熱切（好棒的字眼！），並正在熱烈追求你在高齡時會引以為豪的精采人生。如果你已經進入高齡，那我祈願你已經活出很自豪的一生。

今天早上，我三點起床（昨晚九點多就睡了），以便冥想、觀照和祈禱。然後跳上了橢圓機。除了我很信賴的登山車，橢圓機是我最喜歡的運動器材。登山車則是我的最愛。剛認識艾兒的時候（確切地說，是我們第二次約會），她來我家參觀，我第一個給她看的東西就是我的登山車。後來她承認她覺得那有點奇怪。不過過了這麼多年，她仍和我在一起。所以，秀我的登山車應該不是問題吧。

話說回來，我想分享一個故事。某天傍晚，一位父親坐在他最喜歡的椅子上看報紙。他的小兒子坐在旁邊。「爸爸，跟我玩嘛。」小男孩興高采烈地說。但父親忙著當大人，眼睛死盯著報紙。

「爸爸，陪我玩！一起玩吧。」小男孩說。但父親置若罔聞，繼續看報紙。

兒子不肯放棄，爸爸還是不理他。最後，爸爸想到一個主意。報紙上有一張地球的圖片，他撕下來以後再撕成幾十片，然後交給兒子，「拿去，把這張圖拼回來。」他覺得小孩要花一點時間才能拼好。

然而，孩子來到我們身邊時，演化程度遠超過成人，來教導我們需要學習的功課。才過了幾分鐘，兒子就回來了，地球的圖片已經完美拼好。

「兒子，你怎麼拼得那麼快？」父親不敢相信自己的眼睛。

「爸爸，很簡單。地球的另一面是一個人。把那個人弄好了，地球就沒事了。」

很有力的思維，對吧？把自己弄好了，你的世界就沒事了——比沒事還要好。真的會很有意思，只要你實踐我滿心興奮要分享給你的原則、方法、常規和策略（什麼都不願意做的人，什麼都沒有用，對不對？）。

在這個小小的行星上，去某個城市做主題簡報時，我很愛與聽眾分享一個大腦刺青（brain tattoo）:「受害者找藉口；領導者給成果。」要成為領袖，不代表你需要有頭銜、地位、權威或很多錢。不用，什麼都不需要。

領導力只是受害者思維的反義詞。有些人放棄創造奇蹟的能力，只會抱怨、責怪和期待他人幫自己改善情況，都落入了扮演受害者的陷阱。

有一天，我叫了一台多元計程車，年輕的司機酷酷的。我們聊了起來，他說他是移民，入境時身上只有兩百六十塊錢。那是他一輩子的全部財產。不過，靠著專注、努力及不懈的成長欲望，他存了足夠的錢，買了房子，現在要養十一名家人（沒錯，十一個！）。他本來可以抱怨艱苦的過去，把過錯推給貧乏的童年，等著外力來改善他的生活。可是他沒有。他聚沙成塔，每天穩定獲益，慢慢轉化他的處境。這名多元計程車的司機給出結果，而不是找藉口。他告訴我他真正的祕訣就是努力投入持續的自我提升，那就是成長，財富的第一種形式。

不知道為什麼，這個人的故事讓我想起戰士詩人查爾斯·布考斯基（Charles Bukowski）的話：「在世界告訴你你應該是誰前，你能記得起你是誰嗎？」

在這裡打住這一章吧。因為我需要暫停一下寫作，我那可靠的登山車正等著我。

3

不要儲納憤慨

有些人對我們的看法有誤。有些親近的人讓我們失望。信任的人對我們說謊。這些事，都是人生的本體。再怎麼努力，都無法避免。

別人對待我們的方式不如我們所期待的，我們就很容易發怒。或退縮。或暗自儲納憤慨。

在生活中前進，與其他人類互動時，很容易一直加大我所謂的「憎恨堆疊」。

一直碰到氣餒的事，但你都吞下去，而不是處理這些體驗造成的受傷、挫折與激怒，讓自己得到釋放。吞下去後還深陷其中。並讓憎恨惡化，宛若大開的傷口，玷汙你體驗的每個時刻，敗壞你的創造力、生產力、幸運及平靜。

你有智慧，你的前途光明，你也選了很棒的導師，所以你早就知道了：這不是最好的生活方式。沒有癒合的傷口變成無法實現的潛能，也會嚴重耗損你的能量——你本來可以用這些能量創造出飆升的成果，享受這超絕的禮物與征途，也就是你的人生。

也別忘了：你的憎恨堆疊愈大，你看到的一切都會沾染更多的憎恨。

甚至會開始看到虛幻的輕慢。你開始把別人的行為看成帶著惡意，其實不然。你開始相信我們所在的宇宙是個很可怕的地方，但宇宙雖然有時難關重重，卻還算不錯。我們所見之物變得不真實，而是蓋上了我們的偏見，對吧？

此刻，我正喝著新鮮薄荷泡的茶，裡面加了一片薑，聽著科爾比・庫珀（Kolby Cooper）攝人的鄉村歌曲〈墮落〉（Fall），外面鳴啼不休的公雞則在吵醒全世界的人；所以，我誠心建議，你要成為放下大師。當然，你要保護自己，堅持得到良好的對待。這個要求很合理，我們確實也會教別人怎麼對待我們。你絕對不能讓別人刻薄地對待你。不過，也容我提醒一聲，你對其他人要更有慈悲心。我們不知道他們正在打哪一場戰役。周圍的每一個人其實都在努力（即使他們的盡力是一團亂）。

儘管意思不是他們不需要為自己做的事情負責，我們還是應該要有同理心。想想看，如果你能跳脫凡人的思維，在那些想詛咒你的人身上覓得祝福，你能創造出的人生將有多麼光明！這種行為屬於歷史上最偉大的靈魂，以及真正很富有的人。

「在我更脆弱的年輕歲月裡，父親給我的忠告自那時候起便縈繞在我的腦海中。『每次當你想批評別人的時候，要記著，世界上所有的人都還得不到你享有的優勢。』」尼克・卡拉威（Nick Carraway）說，他是美國小說家費茲傑羅（F. Scott Fitzgerald）精心力作《大亨小傳》（*The Great Gatsby*）中的敘事者。

懂得這句話，每日的喜悅及整體的平和將大幅上揚。依照你活出的人生，無論你在地球的哪一處，都會以巧妙的方式促進和睦。

4

懶散點也沒關係

「追求完美」及「保持超級整潔」及「練出八塊腹肌」，都是社會的教導。完全沒有道理！

活出豐富均衡的人生，不代表高度的智慧嗎？

有時候，我們必須行使世界級的意志力，塑造英雄般的自律；比方說要創造激勵人心的工作計畫、追求重要的體能目標，或實現有意義的心靈冒險。也有該放鬆的時候，多休息，少做事，感受自己是個人就好了。

在這段輔導訊息的標題中，我說懶散點也沒關係，而在生命旅程的某些季節裡，我不光指在你不想鋪床的時候不要鋪床，或什麼都不安排，給自己感受無聊的自由。也是指就內在生命而言，不那麼完美也沒關係。自我超越與個人成長絕對不要變成苦差事。否則，進取心的魔法就會流乾。

昨天晚上，我在網路上看了一部影片，主角說我們應該把自己當成一塊石材，不斷敲打，走向極限，以雕塑出漂亮的成品。他的能量濃重，有攻擊性，似乎很憤怒。

我懂他要說什麼。我當然懂。我們不可能時時刻刻屈服於微弱的衝動，又希望能活出優秀、滿足和敬畏的生命。懂了。把這些字印到T恤上，然後寄給我。奮鬥文化（Hustle and Grind Culture）的一些訊息傳遞確實有道理。做艱難的事，就會享受快樂的成果。

但對我來說，輝煌的人類體驗必須帶著一些混亂。有一些「策略性懈怠」的時刻。有些嚴重混亂到令人倒抽一口氣的日子。我們允許自己留下凌亂的床鋪，不接電話，不洗碗盤。我們不是機器，我們是人。

我期待你去思考，願意更信任心流。不要抗拒你天生的節奏。看似無事時，欣然接納這樣的季節，就像農人對休耕的季節和收穫的季節一視同仁，他們明白若無休耕，就不可能有壯觀的收穫。在你擁有全世界的動力時，尊崇這樣的日子。在沒有的時候，多休息吧。

5

記住PENAM原則

你有沒有想過你怎麼變成現在這個你？

有沒有考慮過是什麼形勢的開展讓你變成你（順帶一提，這個「你」就是地球上現在獨一無二的你）？

我的答案是五個字母的縮寫：PENAM。

對，那就是我的答案。

PENAM這個縮寫代表的五種力引起及創造了你的核心信念、基本行為、日常習慣及普遍的存在方式。

P是你的父母。他們基本上應該都有良好的意圖，但事實上，他們也把有缺陷的設定傳給你。他們根據自己的知識，以及他們父母的教導，盡了最大的努力。如果他們有金錢的創傷，對財務豐盛的想法受到限制，你會採納同樣的想法，因為照顧者會教孩子世界運作的方式，孩子便承接他們的想法，下意識地仿效照顧者的行為模式。如果你的父母相信人生注定是悲劇，大多數人個性卑劣，人類無法控制情勢的發展，你就會接受這些信念，培養這些習慣。並一再演練，讓它們變成你的真相與現實。即使都是錯的。

E代表你的環境。你的生態系統會劇烈衝擊你每日展現的模樣。個人的軌道接納了二流的輸入，例如暴力的電視節目、有毒的新聞報導及網紅充滿自戀的傳訊，隨著時間過去，這些力量會降級你的正能量、績效與喜樂。此外，在性格形成期中你所處的環境對你目前在世界上的樣貌有很大的影響。

N代表國家。如果你在戰區或社會動蕩不安的國家長大，你看事情的眼光會受到很深的影響。如果你來自繁榮、穩定且安全的國家，這種環境產生的知覺觀點也會影響你看到的可能性。以及你未來可以變成什麼樣的人。

A代表你的來往對象。與你一起消磨時間的人對你的想法、感受和行為都有特大的影響。舉例來說，看看你的朋友圈，就能預料你的收入、生活方式與壽命。與反應激烈誇張的人建立關係，過了一段時間，這些影響會嚴重牽制你的人格。

M代表媒體。不論你住在哪裡，每天各種形式的媒體都會持續傾注催眠與引誘。媒體可能包含設計成要你買產品的廣告，建議生命中有哪些重要的價值觀，以及很微妙的忠告，教你如何生活以便融入人群。久而久之，這些東西都會動搖你的自我認同，影響你與機會互動的方式。

PENAM，這五個字母解釋你怎麼成為你。請好好思考。與朋友討論。獨處時冥想這五種力。因為，如果你更能察覺到這五種塑形的力量，自我超越的能力就會成長。增進自己的能力，做出更好的選擇，絕對能產生更令人感動的成果。

6

千里之行，始於足下

寫這一段的時候，我在巴塞隆納的飯店房間裡，這次要對頂尖的領袖和重量級的企業家做一系列的簡報。身邊有出門前準備的書、早上要看的報紙，及一壺很好的咖啡；我帶的書包括紀伯倫（Kahlil Gibran）的《先知》（*The Prophet*）、詹姆斯·派特森（James Patterson）的《我的人生故事》（*The Stories of My Life*）、湯瑪斯·沃爾夫（Tom Wolfe）的《名利之火》（*The Bonfire of the Vanities*）、岳林達（Linda Yueh）的《大崩盤》（*The Great Crashes*）、尼可拉斯·潘柏格（Nicklas Brendborg）的《為何龍蝦不會變老，水母會逆齡，人類卻無法？》（*Jellyfish Age Backwards*）、喬希·維茲勤（Josh Waitzkin）的《學習的王道》（*The Art of Learning*）及喬治·歐威爾（George Orwell）的《我為何寫作》（*Why I Write*）——對，我的行李箱很大。我的書《每日英雄宣言》（*The Everyday Hero Manifesto*）在西班牙剛上市，昨天一整天都在參加媒體活動。明天我要上台，服務六千名聽眾。我還是會怕。因為，即使過了這麼多年，我還是真的、真的、真的很在乎。

之前接受採訪的時候，對方問了我常聽到的問題，通常會問這個問題的人不太熟悉我的觀念和想法（針對領導力、傑出表現及過著你在最後會引以為傲的真誠富裕生活）：「那麼，從哪裡開始？」

她補充說：「我也想寫一本書，就不知道該從哪裡開始。」

我的答案很簡單：「開始就對了。」

其實不是那麼難，在實現和努力發揮與生俱來的才華時，也沒有理由把事情弄得更複雜。開始的方法就是開始。過度思考，把過程太過複雜化，通常是恐懼的症狀，會造成破壞。在現實中，你抗拒前進，因為你滿心恐懼：害怕成功、害怕失敗、害怕被人嘲弄、害怕脫穎而出。

怎麼開始寫一本書？寫第一頁。明天，寫第二頁。後天，寫第三頁。就一直寫，直到寫完你的大作。對，就這麼簡單，難處在於實踐承諾。

你一定要貫徹你為自己許下的諾言。做不到的話，會毀滅你的自尊，否定你來地球上創造的魔法世界。是的，無論如何都要向前推進！透過自我懷疑，你覺得自己做得不好，還有那些吸引你分心使用數位裝置的閃光。透過你渴望一切都變得比較容易的誘人念頭（生命中最美好的事物總是來自做讓你不舒服的事，對不對？）。

要改進體態，該怎麼開始？明天早點起來，做幾下伏地挺身。後天多做幾個，大後天又多做幾個，直到做很多下伏地挺身也不覺得困難，因為你把自己練強了。

是的，我的朋友，開始的方法就是開始。沒有藉口。沒有理性分析。沒有延後。沒有抱怨。就是執行你的人類意志力，踏出第一步。然後下一步。一步接一步，直到你變成大師，能完成每一項你重視的追求。

正如我在《每日英雄宣言》裡寫的：「所有的變化一開始都很難，到了中間則一團亂，最後卻大放異彩。」

所以，動手吧！拜託。最富裕的人生正等著你，你不開始，就一事無成。

7

恐懼都是鬼故事

所以你說，你不相信有鬼。

真的嗎？每個人都信吧。

……我們說，在可怕的情境裡無法變得勇敢，沒有足夠的準備或訓練，或不夠好，接受不了絕佳的機會。

……我們幫自己洗腦，認為想要放棄時，就無法堅持不懈。

……我們告訴自己，變成自己一直想成為的那種人實在太難了。

……我們為自己的弱點辯解，滿心只想著挑戰，然後找藉口來掩蓋不安全感，而不是活出自己的偉大。

……我們哄騙自己相信那些正面、有創意、成功且精神豐富的人天生和我們不一樣，擁有我們缺乏的天賦。

大多數的恐懼都是徹底的謊言。純粹的幻象。明目張膽的假話。鬼故事。你懂我的意思吧。

靈修大師奧修（Osho）說過一個故事，有一個人從擎天高山的頂峰往下爬。他花了一整天的時間下山，太陽已經準備落下。天空愈來愈暗，能見度愈來愈低，他每一步都很小心。突然之間，這名登山者腳一滑，害怕自己將墜落數千英尺，掉到下面的深淵裡，還好他抓住了樹枝。

那人掛在樹枝上膽戰心驚了一整晚，覺得要是放開手，就會墜落殞命。從黑夜到白天，他都在喊救命，可是沒人聽到他的呼救聲。他想到生命中還沒完成的事、未曾用到的潛能、體驗不到的成長、尚未發掘的人類才華，以及他深愛的家人——如果掉下去，就什麼都沒了。

然後在日出時分，晨光顯露的真相讓登山者大吃一驚：下面有塊突出的岩石，離他的腳底只有六英寸（二十公分）。在黑暗中，他看不到這個落腳處。他笑了起來，愈笑愈開懷，笑到控制不住。這人發覺他的恐懼只有六英寸深。過了這個距離就安全了。

所以，改變你的敘事。不要聽鬼故事想讓你相信的童話。這些故事不值得佔據你的心神或限制你的成功、幸福與寧靜，深度其實只有六英寸。

8

別再說這句話

……要別人讀那本改變你一生的書，他們卻常用一句話回應，在我耳中聽起來跟罵髒話差不多。

……建議好友看一部紀錄片，你從這部片學到如何累積技能來提升你的藝術才華及提高生產力，有些人卻回以那句難聽的話。

……建議你在意的人療癒傷痛或補救缺陷，或把耗神的問題轉為帶來成就感的解決方案，他們常常也用那句話來回應。

是哪五個字，用在一起便譜出負能量的交響曲，嚴重阻礙你對個人成長的承諾——至少在我看來？

「我會試試看。」

哎唷，天啊，老天啊。

……「我會試試看」表示你不願承諾。

……「我會試試看」意謂你其實不會那麼投入。

……「我會試試看」的意思是你不想負責任。

……「我會試試看」代表你沒那麼有興趣。

「我會試試看」基本上表示為了過熱愛的生活而必須做出的變化令你憂心忡忡。也要記著，不做該做的事，你就無法擁有你想要的世界；這很合理吧。

「我會試試看」是大多數人為推卸責任而給出的理由，與逃避只有一線之隔。這句話侮辱了你的才華，不尊重你的天賦。

「我會試試看」粗暴地奪走人類的潛能、竊取卓越的表現，並冷血無情地殺死你與生俱來的夢想。

「做，或不做。沒有試不試。」《星際大戰》的尤達大師說。

我真心相信他說得沒錯。

9

當家裡的大人

有一天，我與認識三十年的老友有段深刻的對話。

她說父親剛過世，母親則比父親早一些撒手人寰，於是她哥哥說：「看來，我們要當家裡的大人了。」

唔。「家裡的大人。」

我不知道啦，但即使我快六十歲，感覺仍跟小時候差不多，起碼在某些地方沒有變。很奇怪吧，對不對？

我的外在看起來比較老，大家都以為我知識淵博。當然了，到目前為止，我學到很多事情，體驗過很長一段人生。

但我仍有很多東西要努力去了解。有些事件的開展仍令我困惑，細想為何某些靈魂會出現在我的路上，納悶生命是否按著命運呈現，抑或這整趟旅程是不是一連串隨機的情境，其實沒有意義（這是我的疑問）。

朋友說的話對我來說意義很深遠。當家裡的大人。

令我想到，除了你，說到底沒有人能讓你過得更好。沒有即將到場的援軍，沒有穿著閃亮盔甲的救星神奇地現身，把一根金湯匙放進你嘴裡，把皇冠戴在你頭頂上。沒有成群的幫手或拯救你的騎兵正趕過來，讓你變成你想要的那種人，把你的現實變得很特別、很令人興奮、很有成就感。

我不禁想起有一次去南非的時候（我去過很多次），到開普敦的餐廳吃飯，碰到了一名年輕人。他在非常危險的幫派待了很多年，有一天，他決定脫離。餐廳老闆想幫他，便聘請他當洗碗工。年輕人用這個機會往上爬，同時也愛上了烹飪。最後，他成為這家餐廳的一名主廚。對了，餐廳也進了「世界50佳餐廳」（The World's 50 Best Restaurants）的名單，被譽為非洲的第一名。

吃午餐的時候，我跟他聊了一下，問到是什麼讓他離開過去的人生。他停下來好好想了一想，然後說：「我看到太多朋友死去，我不想死，所以我必須改變。我發覺沒有人會幫我改變，我必須自己改變自己。」

沒錯。你確實需要成為那個幫助自己的人。並為你人生的樣貌負全責，改進你的人生，讓生命更加豐富。因為在人生裡，你現在是大人了。

10

別忘了積少成多

這一、二十年來，輔導的客戶及演講的聽眾說我分享過的大腦刺青對他們來說極有助益，所以我覺得也要在這本書裡提一下：每天看似不顯眼的改進，只要持續一段時間不懈怠，就能帶來驚人的成果。

真實的富裕人生來自逐漸的進化，而不是劇變。那些持續的小勝利如果每天都來一點，便能進化成勝利的海嘯。這讓我想到了埃及的吉薩大金字塔。

最近我去了一趟開羅。有一天閒著沒事，活動主辦方很大方地安排了導覽，帶我去世界的第七大奇觀。進入令人驚嘆的歷史遺跡，見證人類的無窮潛力，導遊說，大金字塔花了二十年建成。用了兩百五十萬顆石塊，近五萬名工人合力完成這項工作。這座建築物令人望而迷醉，成為人類建造的最高建築物，過了三千多年，艾菲爾鐵塔在一八八七年開始興建後才打破這個紀錄。

建出奇蹟的公式是什麼？把一塊石頭放在另一塊石頭上，

再放上下一塊石頭，一塊接一塊，不斷重複，最後造出了金字塔。焦點不是金字塔，而是持續放置石塊的動作。注意力放在過程上，而不是目標。請你花一點時間思考這個重點。

在我們這個時代，許多人想要立刻成就夢想。太多人忘了耐心的力量和穩定的魔法，以及最能給我們鼓舞的計畫在每日達成小小勝利後帶來的驚嘆——可能是健康方案或愛情的追求、財務目標或心靈修行。

你的一天就是人生的縮小版，打造每一天，就創造出人生。有恆確實是精進之本，每天做的小事重要性勝過你可能一年才做一次的大事。

我也想說，不要用最終結果的成就來衡量你的成功，而是考慮你對這趟旅程做出的承諾，願意朝著最光明的理想小步小步邁進；而且留在你承諾的道路上，才實現了人的本分。日復一日逐步改善，在我心中才是得勝。計畫的完成只是錦上添花，不是真正的獎盃。

讓我開始思索蘇格蘭小說家羅伯特・路易斯・史蒂文生（Robert Louis Stevenson）的話：「別用收成來評價你的每一天，而是用你播下的種子。」

有時候，規律往前一點一點地推進，似乎看不到進展。但是，相信我，確實會進步。成長常常是隱形的，就像在地底下發芽的種子，未來的某個時刻會長成通天大樹。只要集中努力、不斷付出、保持耐心，察覺過了一段時間，日常的小小勝利終究會複合出不尋常的成就。

對了，如果周圍的人不了解你，不是那麼想支持你，還會批評你、嘲笑你的話，想想知名作家戴爾．卡內基的話：「傻瓜也可以批評、指責和抱怨——而且大部分的傻瓜都是這樣。」

11

崇敬你的創傷

你沒有問題，你只是人類。你沒有失調——你只是活著。

如果你願意參賽，鍛鍊天生的勇氣，冒一些險來活出未來的展望，你就會體驗到疼痛。山愈高，就愈危險。

想伸手碰天，期待與神同行，一點也沒錯。正是你該有的期望。這表示你是自己生命中的主角，有足夠的勇氣去冒險，對你偉大的任務保持信念。不然呢？只會變成行屍走肉。

你對自己仍有信心，真的很棒！也很稀罕（在我們的文化裡，太多好人放棄了童年的希望，接受平凡，在最好的日子裡，過得就像黏在白色螢幕上的網路殭屍，很令人惋惜）。

所以你受了傷。對，你留下了傷痕。我懂。我也有那種經歷。

但是，我想謙卑地建議：頌讚你的傷痕。崇敬你的創傷。因為它們帶來美好的助益。用看不見的禮物、隱匿的智慧寶藏、理解、恢復力、慈悲填滿你的生命，讓你更貼近自己的獨特。生命因你的幸運而開展，絕不是因為失敗。信任生命古怪的形式，活下去。你尚無法量測的祝福即將降臨。你的未來無限光明。

12

飽覽群書是贏家

BABLE這個縮寫代表累積的書超過預期壽命。

是的。老實說，這是我愉快的苦惱，但我不覺得羞愧。

我買的書確實有很多還沒讀。我覺得你也一樣吧。

閱讀，就是與作者對話。正確的對話可以讓你的人生轉向全新的方向。只需要一個新的想法，你的世界就會徹底改變，對不對？

如果在正確的時機，找到正確的書，作者的星塵就會沾到你身上。

最後放下那本書的手是一隻改頭換面的手。

在成長過程中，父親對我說：「少買點東西，吃少一點，但多讀點書。」

我在中東地區舉辦領導力活動時，有一位參與者是元首，他對我說：「羅賓，我們一天吃三餐來維持體力。我一天讀三次書來變得有智慧。」我問：「你在什麼時候看書？」他回答：「我沒有一刻不讀書。」

我的家是什麼樣子？堆滿了書，主題有：

……創意

……生產力

……歷史

……心理學

……商業

……經濟學

……溝通

……生命力

……長壽

……品格培養

……形上學

圍繞著我的成堆智慧讓我心安。在有時候很殘忍、但大多數時候超乎尋常的世界裡，讓我感到安全。書本對我說話，允諾那些胸懷大志的人會過得更好、更燦爛。

我仍在找那一本書，能完全粉碎我的限制、解決我內在的衝突，讓我升高到個人精進與心靈自由的新高度。雖然到了這個年紀，我應該看不完我買的那些書，但我會把藏書留給孩子。這是我給他們的遺贈。

每天讀書，會增進知識，讓你超越艱難的情況，減少犯下的錯誤及預測未來（念歷史學的人會更有感；馬克・吐溫說：「歷史不會重複，但常有相似之處」）。這個世界要你像大多數人一樣思考、行事及做人，而狼吞虎嚥地閱讀可以讓你變成一個為自己思考的人。在你看來，你覺得價值有多高？

每天，每一天，只要還活著，我就執行45/15的閱讀規則：讀書至少四十五分鐘（但我通常會用掉一小時），然後花十五分鐘在我的學習筆記本裡彙整學到的東西，所以我能更深入了解書裡的概念，並應用到生活中。只是構思，卻沒有實際行動，想法會變成妄想。

因此，和我一樣的愛書人……

……在充滿數位入侵的世界裡，各種瑣碎的分心事物令人上癮，你要與書本重燃最濃烈的愛火（最好是書面文字，但有聲書也很棒）。每天都在書頁與傳奇思想家的想法中沉浸一段美好的時光；他們會提醒你有無限的可能。你的好奇心埋藏太久了，重燃起連結吧。

因為讀最多書的人才是贏家。

13

深遠的成長應該會讓人感覺怪怪的

所有的變化一開始都很難，到了中間則一團亂，最後卻大放異彩。所有的變化一開始都很難，到了中間則一團亂，最後卻大放異彩。所有的變化一開始都很難，到了中間則一團亂，最後卻大放異彩。好，如果你發誓你會把這句話記起來，我就不再重複了。

激烈的個人變化及徹底的人格轉型一開始時應該會感覺很恐怖、很困難、很令人困惑。不然，就不算真的變化，也不具任何價值。

你知道嗎？太空梭在剛離地那六十秒用掉的燃料比繞地球一整圈更多。

這是因為在開始的時候，要把太空梭留在地上的重力極為強大，它必須克服這股力。因此在那個階段要耗費高度的能量，才能把太空梭推得愈來愈高，直到到達「脫離速度」。那時就超越了重力的拉力。太空船脫離約束，得以呼嘯直上。

輪到你了，為了活出最想要的生活，你必須改變自己，就很像那艘太空梭。

你需要利用大量的能量，非常努力，克服之前的運作模式，拋下你的重力——那些力量限制了你與生俱來的偉大。

所以，一開始超難的。那不表示出了問題，但意味著你正在進行的改變很值得、很有價值、很豐盛。你現在覺得簡單的事，一開始是不是都很難？

日子一天一天過去，新的習慣、技能和行為都會變得愈來愈容易施行——這一點不需要懷疑。每件事都是熟能生巧。即使昨天無法做某件事，不表示今天還是做不到。你已經比昨天更好了。比二十四小時前更強了。

14

期待他人最好的表現（你一定會看得到）

分享這個故事讓我有點不好意思，但我必須對你說實話。所以我就說吧。

最近出外的時候，我去了一家質樸的餐廳，我很少去那裡，但每次造訪都很愉快。

餐廳位於瑞士的小鎮，提供出色的小牛肉，搭配加了白蘭地和馬鈴薯絲的白醬。

我與好友一同前往，享受美味的午餐，聊了電影、家庭和未來。很寶貴的一段時光，一點曲折起伏也沒有。

午餐結束後，帳單來了，我隔天已經訂了位，便問老闆能否幫我安排遠離主要通道的安靜座位。我想在一個能促進靈感、有感覺的地方，整理這本書的草稿。

她不是沒有禮貌，卻給我一種簡慢的感覺，說不能幫我安排，因為「明天已經客滿，很難把你的桌子排在這一間」。

我覺得有點奇怪。

我當然知道已經客滿了，但我確實幾個星期前就訂了位，也不太明白她為什麼不能幫我找一個安靜的地方，在角落也可以，畢竟這一間有不少角落。

我也必須承認，和朋友離開餐廳後，我有些沮喪，反覆思索她的拒絕，從她的冷漠、些許傲慢及看不見的惡意中炮製出許多故事。我很抱歉，但作為你遠方的導師，我必須承認，我就是有那些反應。

第二天早上我起了個大早，去健身房踩橢圓機，喝了咖啡，寫了日記，重讀這本書的章節。然後前往這家特別的餐廳，再一次享用午餐。這次就我一個人。

快到的時候，我看到餐廳外站了一個男人，穿著看似皮裙的服飾，還有厚厚的皮草外套，就是維京人那種五顏六色的裝扮。唔。有意思（你知道，這不可能是我瞎編的）。

走進餐廳的時候，我看到大廳裡擠滿了維京人——反正就是打扮成維京人的一群人。他們放聲大笑、熱情地拍手、用力跺腳、以最高的音量嘶吼。可能是某種聚會或重要活動，以紀念這一帶的傳統生活。

大廳裡全是這些吵吵鬧鬧的人，他們興致勃勃喝下大量深色啤酒。

還好我不需要跟他們坐在一起！我可能會變成那裡唯一的非維京人，被吵到頭痛，在享用美味午餐的同時根本無法用這段私人時光寫出優質的文字。

結果好上加好。

昨天拒絕我的那位女士很有禮貌地護送我穿過喧譁的維京人、毛茸茸的外套及深色的艾爾啤酒，來到一個我從未到過的安靜小房間，甚至感覺有些浪漫。桌上放了花，白色的亞麻桌布上細心擺放著蠟燭。穿著白色斗篷的天使彈奏著豎琴，貴賓狗幼犬在旁跳舞（嗯，這句是我亂編的，但這個房間真的好到沒話說）。

還有更好的呢。餐廳的老闆讓我坐到一個很舒適的角落，旁邊沒有人，附近的人也不多。她燦爛一笑，熱情歡迎我再度來訪。「帥哥，好好享受你的午餐。」她柔聲說（好啦，「帥哥」又是我編的，但後面是她說的沒錯）。

所以，我以為我遭到的拒絕只是幻覺。真相是她不想讓我坐在那群喧鬧的維京人裡面。

我學到了什麼教訓？不是每件事都以我為中心，不要認為凡事都針對我。大多數人都善良到超乎想像，也非常正派。我們若能期待別人的至善，他們會得到鼓勵，對我們表現至善。

德國文學大師歌德（Johann Wolfgang von Goethe）說得很好（我再練一百萬年也說不出來）：「對待別人時，把他們當成他們應有的模樣，就能幫他們成為他們能成為的模樣。」

如果你能養成這個習慣，在幫助別人成長的過程中，你也會成長。這就讓你成為真正富裕的人。確實，非常富裕。

15

多找機會獨自吃飯

怎麼變得更勇敢？很簡單。常做讓你感到害怕的事。成長的不適一定小於悔恨的心碎。在人生最後一天的最後一個小時，你做過的事情不會為你帶來悲傷，而是所有你沒做過的事。那些你沒去追求的夢想、那些你不願面對的恐懼、那些你沒抓住的機會、那些你沒踏上的旅途、那些你沒讀的書、那些你沒給出去的愛（麻煩把這句讀兩次，因為對你來說真的很重要）。

要開始提高自信及整體的無畏，一個很棒的方法就是獨自進食。今天寫這段輔導訊息給你時，我在一家簡單的義大利餐廳獨自吃飯，餐廳所在的村落很靠近我的農舍。

以我的經驗來說，大多數人如果一個人吃飯，寧可在家吃，而不是去餐廳這樣的公開場合獨自佔一張桌子，讓身邊圍繞著享受快樂時光的人。

或者，如果真的獨自外出，便拿出手機，開始滑社群動態，或看怪人動作奇奇怪怪的跳舞影片。或好萊塢的名人在閃光燈此起彼落時穿著五彩繽紛的服飾走出餐廳（或在眾人面前大吵大鬧）。或網紅邊敷面膜邊兜售最新的美妝產品。

但光是坐在那裡，其實是很少見的景象。不用電子裝置。沒有逃生路線。在擁擠的餐廳裡。旁邊的人笑聲不斷，吃吃喝喝，開心享受同樂時光。

要冒著受人評斷的風險，彷彿你不夠好，沒有人願意陪你一起吃飯。要被人看成是怪胎，居然敢一個人吃飯，實在怪透了。要願意被人盯著看，而當你發現他們的注目時，他們又趕快閃躲你的視線。好的，能創造魔法的人就是那個樣子。是的，我的朋友，你就是創造魔法的人。

你做一件事的方式創造出你做每件事的方式。在一個領域表現勇敢，就是練習在每個領域都能勇敢。做最勇敢的自己很重要，這才能開啟最富裕的人生。真正的富裕。不是虛假的富裕。《沙丘》（*Dune*）的作者法蘭克・赫伯特（Frank Herbert）曾寫道：

> 我不可以懼怕。恐懼是心靈的殺手。恐懼是抹煞一切的小小死亡。我會面對我的恐懼。我會允許恐懼穿過我，通過我。通過以後，我會用內在的眼睛看它走過的路。恐懼離開的地方，什麼都沒留下。只有我留在這裡。

16

寫日記，很睿智

過去二十五年來，幾乎每天早上我都會進行晨間的儀式，對我的個人成長、創意增長、專業學習及心靈提升來說都極有價值：寫日記。

在《每日英雄宣言》裡，我說過我失去了十年份的日記——不過那是另一個故事。或許，以後有機會見面的話，我再告訴你完整的經過。

簡單來說，你應該每天寫日記，有六個主要的理由：

1. 寫日記可以促進有智慧的行為。

模糊的思維會產生模糊的結果。在筆記本裡寫下你的願望、意圖及承諾，會提高清晰度，而清晰則是精湛技藝的DNA。問自己一些好問題，例如「在即將到來的時刻裡應該發生什麼事，今天才會是生命中好好度過的一天？」或「我今天該成就哪三個小勝利，讓自己比昨天過得更好？」——提高你的專注力及大幅增強意志力，來達成目標。仔細思索你想要創造的東西，你的表現會變得更集中、更成功。寫日記會讓你更努力履行承諾。

2. 寫日記會增加藝術技巧，捕捉頂尖的想法。

天才級的想法不記下來，常常就忘了。寫下你的洞察，不光加深你的理解，也常常會刺激出新的洞見。隨時記筆記也是很好的紀律，能為你正在處理的重大問題找到絕佳的解決辦法，記下學到的生命功課。

3. 寫日記鼓勵你記錄那些神奇的時刻，可以拿出來重溫。

一頓美味的餐點、壯觀的日落、與愛人在海邊散步，記下這些體驗，不僅把體驗嵌入你的身心靈，也讓你有機會重溫。經常重新體驗最棒的時刻，想像你的能量、感恩、幸福和動力能有什麼程度的提升。同時訓練大腦去注意你的勝利，而不是眼前的挫折。

知名的正向心理學家索妮亞·柳波莫斯基（Sonja Lyubomirsky）在研究中發現，最幸福的人並不是那些處境最輕鬆的人，而是最懂得感恩的人；她發現，個人的幸福只有百分之十來自外在的實境。他們的感謝並非隨機且雜亂，而是「經過深思熟慮的感激之情」。日記很適合列出生命中的祝福，好好思考並經常做這件事，人類大腦中的負面偏誤就會重新連線到無法超越的正向。

4. 寫日記就是在紙上祈禱。

要顯化你的想法，祈禱是一種很強大的力量加乘器。每一回祈禱，都會被你更高的力量聽見，每一次感恩都讓你變得更強、更睿智、更平靜。所以，寫下你尋求的目標，記錄你想在自己的世界裡更常看見的東西。你聚焦的目標確實會成長，你思索的對象也會擴展。

5. 寫日記給你一處修道院，能在裡面處理痛苦、悲傷及其他難受的情緒。

在生命中的寒冬，一切感覺非常嚴重、相當令人失望的時候，把我的痛苦傾倒在平整的空白頁面上，療癒作用真的很強。科學也證實了這一點。壓抑的痛苦一定會回來，用想像不到的方法纏著你。在日記裡寫下你受的傷，讓你有一個安全的地方可以處理痛苦，直到釋放。因為要療傷，你必須感覺得到那個傷口。要放開傷痛，你需要做內在工作，清理掉傷口。

6. 寫日記給你很棒的機會，記下多采多姿的生活。

美國詩人亨利・朗費羅（Henry Wadsworth Longfellow）說：「人生只要值得寫，便值得認真、如實地寫下。」很有智慧，對不對？你的人生很重要，極為獨特，帶有無法測量的美好（所有的好事壞事都包含在內）。所以，怎麼會不值得記錄呢？

17

傷害你的人，也是幫助你的人

寫這一段的時候，我在農舍極為簡樸的書房裡。窗戶開著，空間裡充滿早春的空氣，遠方傳來一雙牧羊犬的吠叫聲。公雞嘹亮的啼聲破壞了我的靜謐。橄欖樹看起來很迷人，清晨的陽光照亮了遠方的葡萄園，我慢慢啜飲著一杯純粹的濃縮咖啡（我很喜歡醒來就能享受的一個小奇蹟）。

好的。來說說那些傷害你的人吧。他們玩弄你、虐待你、背叛你。他們破壞了你的信任、偷走你的善意，甚至讓你變得有些憤世嫉俗、好批評，也封閉了自己。

我確實相信，他們出現在你的生命裡一定有理由。

你看，讓你痛苦的人其實也是讓你看見自身力量的人。如果你願意選擇，他們造成的痛苦可以變成通往力量的門戶；在受傷前，你本來不知道你擁有這些力量。

因寫作《與神對話》（*Conversations with God*）而聲名大噪的美國作家尼爾·唐納·沃許（Neale Donald Walsch）寫了一本短短的童書，對我很有幫助，書名是《小靈魂與太陽》

（*The Little Soul and the Sun*）。

短短的故事訴說兩個靈魂相遇的經過；他們正準備要變成人類。

聽起來怪力亂神，如果你覺得很奇怪，我懂你的感覺。但我覺得很有可能。只因為我們不相信某樣東西，或不了解某個與現實不符的新奇概念，不代表那就是假的，對吧？

總之，兩個靈魂談到了承諾。小靈魂對友善的靈魂說，他想知道全盤了解自己的特別、力量及智慧（就和你一樣）。因此，友善的靈魂說他會幫忙，而方法是進入小靈魂的生命去欺負他。友善的靈魂被問到，為什麼他願意減損自己天生的榮光，好去做傷害人的事，他回答：「因為我愛你。」

接著，兩個靈魂變成了人類。可想而知，友善的靈魂想要小靈魂學會愛（在最難去愛的時候）及寬恕（在最難原諒的時候），並變得高尚（在難以維持正派的時候），來體驗自己的偉大，所以他讓小靈魂碰到了困難。

小靈魂確實鍛鍊了自己的獨特，學會原諒另一個靈魂的惡行。因為他知道，那個靈魂的行為出自於愛。要幫小靈魂記住他真實的樣貌。

我與你分享這個很棒的寓言，因為故事或許（只能說或許）反映了現實。你的過去如果不是囚禁你的監獄，而是要從中學習的學校，你會怎麼做？如果每一個或多或少傷害了你的人，比如騙你、背叛你、攻擊你或對你很刻薄，都是為了幫助你，你有什麼感覺？

要讓你脫離一味追求舒適、個人成長緩慢的生活，走向更富裕的生活，但要承受艱苦的磨難，發現最優秀的人類最偉大的美德。智慧、忍讓、耐心、恢復力、堅持、原諒及愛人等美德。幫你成為創造者、戰士、領導者、英雄和真正富足的人，也就是你的命運對你唯一的期待。

18

與小丑相處，等於看一場馬戲

我想回到前面輔導訊息中討論過的重點，因為我想再強調這一點。那一章說你要認真思考，慎選共度時間的對象。因為你可以用心打造非常美好的生活，或留在有毒的人旁邊，但兩者無法共存。

你會變成你來往的對象，你們的對話會明顯影響到你對世界的看法，以及你在其中展現出的模樣。如果你整天往來的對象都是受害者、充滿懷疑的人和愛批評的人，他們的思維病毒及情緒陰影會降低你的光彩。

把你寶貴的時間（一花掉就沒了）投資在那些抽乾你的喜悅、嘲弄你的抱負並用他們的毒汙染你的人身上，一定會讓你停滯不前，背棄你的承諾，無法實現有意義的目標、體驗真實的美及活得自由自在。

所以，請接受我的鼓勵，勇敢審核你納入朋友圈的人，移掉負面的人（或減少和他們在一起的時間），多花時間相處的人應該能讓你對機會、勇氣和人類的可能性更有信心。

因為，如果身邊都是小丑，當然會看到馬戲表演。

19

不要讓自我照護毀掉你的自我價值

在這一章，我想與大家分享，自我照護就是要保護你最純淨的心靈、療癒你的好心、讓身體愈來愈健康及滋養自主的精神，而提升自我價值則是設定大膽生活的英勇目標及努力完成創造性的使命，不要與自我照護的重點混淆。

很多人用「內在工作」來避免面對恐懼，避免去做能實踐天賦的外在工作。聽著，從四分之一個世紀前，我就一直在推廣更富裕的內在生活。從我開始寫作和演講，就提到良好的晨間習慣、每日冥想以保持強壯及平靜、在自然中散步以提升正能量和增進創意、多休息以延長壽命，並根據理想來構築個人的生命，很多人聽了覺得好笑。但是要過著快樂、平衡、健康、和平的人生，一定要以自我照護為基礎。

然而，我的重點是，真正成功的人絕不會用自我照護的睿智需要當成藉口，逃避那些可能會很艱難、卻能讓人活得出色的事。他們不會把最好的日子用來泡在加了芳香浴鹽的浴缸裡，旁邊放著泡好的新鮮洋甘菊茶，神祕的冥想音樂飄蕩在空中，讓別人幫自己按摩雙腳。

要變得偉大，你絕對需要變得專注、有生產力、堅決及無法打敗的精神，全力完成你的計畫，儘管這些計畫有可能很困難，但能推動你去揭露最高的自我，也是最有天賦的那個你。持續達成看似不可能的目標，讓你看見那些你不知道屬於自己的力量、天分和權力。把你深深得到啟發的夢想轉為有紀律的日常成果，會開出勝利的道路，為你的自我價值充電。多做你不喜歡做但是很重要的事，會讓你更愛自己。而且，相信我，變得更有生產力以後，你也會更快樂。

所以，兩者都要兼顧。良好的自我照護應該是第一優先，非凡的人生直接反映出內在的健全。但是，在打造卓越自我價值的過程中，讓兩者保持平衡；優秀的表現、傑出的成就與持續成就真正的巨作，就能累積出最高的自我價值。

20

當個好好先生

有一天我在倫敦，正準備上台向九千名商業領袖發表領導力的主題演講，我和一位知名講者的兒子聊得很開心。

他說，即使他父親很老了，仍對每件事都說好。每一件事。

演講活動，好；多寫幾本書，好；輔導年輕企業家，好。前往不同的大陸，好；讀新書，好；新鮮的挑戰，好；交新朋友，好；嘗試刺激的冒險，好。

所以，他就是個好好先生，

我覺得真的很棒。我們這顆微小的星球經歷了這麼多的騷亂，很需要像他這樣的人。有智慧，放得下電子裝置，完全浸潤在當下的奇蹟裡。這些人完全能了解安全的幻象一定比成長的不適更加危險。很多人用同樣的方式過八十年，然後說這就是人生，他們不是這種人。

恐懼、懷疑、不信任、冷漠、平庸、憤世嫉俗及特權意識讓我們變得渺小，阻礙天生就該有的卓越、生產力、幸福和領導力。

因此，世界上最有力的一個字（或許）也是最簡單的：「好。」

要增加第一種形式的財富，我認真鼓勵你對要冒險的新計畫說好，來推進成長。對你延後多年的旅程說好。那場讓你嚇得面無人色的演講，好；在情感上要傾注全力的新關係，好；感覺讀起來很難、你不想讀、但知道必須讀的書，好，因為你最強大的自我非常希望你能得到那本書裡的智慧。

你的偉大和你的魔法都以此為據，而你個人的榮耀要求你說好。說好，多說幾次。

財富的第二種形式

健全

持續讓健康來到最佳狀態的習慣

疾病纏身，健康才會得到重視。

——湯瑪斯．富勒（Thomas Fuller），英國歷史學家

財富的第二種形式

健全｜概覽

健康是一種財富。如果身體、心理、情緒和心靈感到不適，世界上所有的錢、財物和名聲都會失去意義。失去以後（希望你永遠不會），我相信你一定會用剩餘的生命想辦法找回健全。

有個智慧傳統的說法是：「年輕時，我們願意犧牲所有的健康去追求財富，等我們老了，卻可以為了享有一天的健康而願意犧牲所有的財富。」

昨天，我和一個很棒、很真誠的朋友聊天。他叔父是億萬富豪，最近過世了。好友輕聲說起叔父得的重病，在生命來到終點時，他常對家人說，他願意拿所有的財富去換回他一度視為理所當然的健全。

為了爬上你個人的聖母峰，奮鬥不懈、工作過度、夜不成眠，最後卻病倒了躺在醫院裡，這有什麼意義？喉嚨裡插了管子，靜脈裡扎著針，只能躺在床上。我知道你懂我的意思。

在我提到保護個人頂級的健康狀態時，我必須強調，我不光指身體的領域。要過著最富裕的人生，你也需要滋養心靈的健康、守衛情緒宇宙的健全，並經常細心餵養你的精神生活。所以你會持續感到快樂，享有深刻的平靜。沒有正向、奇蹟和情感的生活，怎麼能稱得上富裕呢？

21

在森林中入浴

好啦，不是真的在森林裡洗澡（不過你想要的話，我舉雙手贊成）。日本有一種很受歡迎的做法叫作森林浴（shinrin-yoku）。科學研究證實，在森林裡散步可以大幅降低血壓，以及疲勞、焦慮、憂鬱和認知困擾。

在大自然中健行，也會降低皮質醇這種壓力荷爾蒙，提升幸福的程度。這種習慣不僅對你的心理、生理和情緒健康極為有益，也能提升心靈活力。接近大地、在樹木間接地、吸進新鮮的空氣、離開嘈雜的世界，你會重新連結到你最高的自我。那個自我知道你內心最深處問題的答案，有智慧帶領你做出最佳的決定，並與生命完整連結。

我很喜歡在大自然裡散步，可以激發創意。知名英國作家維吉尼亞·吳爾芙（Virginia Woolf）每天都去散步。傳奇科學家達爾文（Charles Darwin）幾乎每天都會出門散步三趟，一次四十五分鐘。畫家梵谷說：「多多散步，維持你對自然的熱愛。」

我建議，開始一天的工作前，去樹木、植物和花朵附近走十五分鐘。這個習慣會帶來改變，提升你的集中力、能量層級和整體的生產力。

身為人類，我們本就該在自然裡。這種交流不僅會讓你更加健全，也會為你的生命帶來更多敬畏、魔力與美麗。感覺很健康，對不對？

22

遺傳不能決定命運

我對表觀遺傳學（epigenetics）真的很有興趣。原文中的epi希臘文的意思是「在……之上」。所以表觀遺傳學就是研究超越遺傳密碼的因素，而這些因素會調節你與生俱來的基因開啟和關閉（希望我說的還算清楚）。

以前，大家都以為從父母那裡繼承的基因會決定身體的命運。「先天vs. 後天」的辯論已經有了解答，科學研究的結果證實人類生理和心理健康的發展同時牽涉到我們從上一代接收的自然基因及環境因素，例如思維的特質、日常的運動習慣、飲食行為和睡眠習性。

對，環境和生活方式的選擇具有很強的力量，能改變遺傳基因的表現。你不需要成為遺傳的受害者。早起運動、經常冥想來管理壓力或到大自然裡散步（如前一章說的）、正確呼吸、吃未添加化學物的未加工食物、間歇性斷食、減少攝取的酒精、每星期至少有一天不用數位裝置、洗冷水澡或泡熱水澡及充分休息，都是讓人更健康的做法，可以幫我們關閉基因體內導致身體機能不佳或生病的基因，開啟能提升健全的基因，沒有病痛地享受長壽。

作為在遠方關心你的導師，我建議絕對不要拋棄你的動力，盡量增進自己的健康，不要用前幾代傳下來的基因當成藉口。立刻開始養成或增強這些習慣，希望能讓你活得長長久久。

23

健康靈感史上最短的一章？

每天活力充沛地運動，對你很有益，但有幾個習慣的效果也一樣。可說是非凡人生的靈藥。因為我積極支持你成為最好的自己，我一定要大聲說：如果你沒有運動習慣，現在就起來，開始吧！

如果你已經有運動的習慣，就讓自己更積極。進一步加強身體的活動。今天就開始。

人生苦短，不趕快增進體能就來不及了。就像馬克・吐溫說的：「持續改進，一定勝過延遲的完美。」

24

以食為藥

醫學之父希波克拉底告訴我們：「以食為藥，以藥為食。」

飲食會深切影響你整體的健全。舉例來說，藍莓、蘋果、鮭魚和綠茶已經證實能提高幸福感。科學研究顯示，酪梨、巴西堅果和雞蛋能有效對抗疲勞，給你足夠的能量表現出最好的狀態。

在《刺胳針》（*The Lancet*）發布的文章指出，在研究進行的十二個月內，營養不良導致全球有一千一百萬人死亡。這個死因最主要的風險因子是高鈉飲食。因此，即使尊重個人的喜好，我還是要鼓勵大家今天吃得更乾淨、更簡單、更清楚自己在吃什麼。我送給大家的格言是「如果不是生在樹上、長在地裡或有母親的東西（除非你吃純素），就別吃。」也要記得，吃不好的食物，你也不會感覺快樂。

雖然聽起來有點奇怪，但我也會把水當成藥物。一般來說，你一天應該要喝四到六杯水，會帶給你數不清的健康益處，例如增加血液循環、強化皮膚活力及腦部功能、減少關節疼痛、心臟更健康及增強粒線體功能，幫你減緩老化，活得更久。

我不想討論哪一種飲食法最好，因為我其實不喜歡飲食法（創造能長久維持的生活方式，吃對健康有益的食物，比某種飲食法聰明一千倍），不會有某個方法能適合所有人。

儘管這麼說，我還是要告訴你，我做過最好的一項投資就是去分析基因體（可以到網上搜尋測試供應商），因為結果會確切說明哪些食物最適合我，哪些基因已經在最佳狀態，以及哪些基因可以透過我吃的食物來加強。我只是想鼓勵大家，把食物看成一類藥物，吃對你最有益的東西。你的心態、心情、能量、生命力和活力都會感謝你。一輩子感謝你。

25

保衛心智的健康

感恩真的是擔憂的解藥。而樂於助人絕對是治療恐懼最好的辦法。請聽我解釋。

首先，健康的章節如果不談到心理健康，就不完整；身體健康，但心智受困，合理嗎？保護心智狀態也會提升肉體的生活。因此，來看看我的幾項建議，幫你的心理維持在絕對的高峰。

人類具有內建的負面偏誤。我和你天生的本能就是環顧四周，主動把注意力放在威脅上。數千年前，人類在環境中面對持續不斷的威脅時，這種認知導向非常有用。這種演化本能讓我們的老祖先活了下來。但現在已經沒有劍齒虎，偏離群體而餓死的機會低了很多，被敵對部落成員殺死的風險一般也趨近於零。

但我們仍為大腦的驅動力所苦，要尋找問題、困在失望裡，並更容易注意生命中負面的情況，而不是正面的。

……別人給了討厭的評論，我們不斷反芻（有時候過了好幾年還記得），忘了我們曾有幸接受到的那些讚美。

……我們只注意同事令人不快的特性，忽視他們友善的品格。

……我們反覆重溫帶來創傷的體驗，而不是放手，繼續往前走，享受當下的禮物。

……我們會體驗新行為帶來回報的快樂，卻更有可能因為害怕失去現有的事物，用兩倍的力氣避免去做某件能讓生命更加豐富的事（請讀兩遍）。

要將你的負面偏誤重新接到更正面的焦點，以提升幸福與心智的健全，我建議常做以下四種練習：

正向練習一：用一段文字敘述「這會如何變得更糟」。在日記裡，用幾行字描寫讓你困擾的情境怎麼樣變得更糟糕。這會把你的思維從有毒的狀態轉換到感恩，讓你客觀看待自己的問題。

正向練習二：多練習細細品味。有太多人每日匆匆忙忙，彷彿要逃離五級大火。行事曆裡填滿行程，醒著的時候都在想著如何提高生產力，知道充實生活有哪些要素卻置之不理，反而在網路上跟自己不喜歡的人聊天。正向心理學家發現最快樂、最健康的人有一個共同點：他們很重視「細細品味」。意思是有好事發生時，他們會放慢速度，好好理解。養成積極挪出時間的習慣，用這些時間全心讚賞和反思你的祝福，即使簡單到像是早晨喝了一杯好咖啡、有遮風避雨之處，或看到一個愛笑的小孩。

正向練習三：改進你的自我對話。大多數人對自己說話很嚴苛，對別人就不會。開始對自己仁慈一點——讚美自己的善行、確認你能忠於自己，並頌讚你現在的模樣。你克服了那麼多挑戰，成就了那麼多好事，為那麼多人提供鼓勵。對自己說話的方式要能反映出這樣的進展。

正向練習四：積極助人。奉獻自己為人服務，讓自己從擔憂、負面和焦慮中釋放出來。常常主動問自己：「我可以怎麼做，讓其他人過得更好？」然後採取行動。甘地勸告我們：「要找到自己，最好的方法就是讓自己迷失在給他人的服務裡。」

多做這四種重要的正向練習，你就能不斷重建自己的神經通路，打敗妨礙你得到喜悅、生命力與平靜的負面偏誤。

26

微量冥想

寫這段輔導訊息時，我在南非一處葡萄園內的小木屋裡。我來這裡尋找靈感及遠離塵世，以便寫完這一部分。鄉村音樂輕快流動，太陽高高掛在遠方的山上，在古老葡萄樹間走動的工人發出真誠的笑聲，我覺得很愉快。

這章就先問一個問題吧：社會告訴你應該要去努力擁有某些東西，你什麼都有了，卻覺得很空虛，有什麼意義？你是不是一直在擔心會失去你擁有的一切？

我發現，擁有美好的生活，關鍵是活在這個世界裡，但不要依附世界。盡你的努力，然後讓生命完成剩餘的工作，好嗎？每件事都有一個很好的理由，即使在那個當下情況看起來很糟，對嗎？人類的存在勉強可以說是一場遊戲。加入遊戲，因為我們的確住在地球上，所以那也是我們登記要參加的遊戲。但別忘了在許多方面，一切都是幻覺，大多數人認為很重要的事一般來說都非常不重要。

我想說的就是，不要用人生最好的時光爬一座山，結果發現爬錯了，那時也太遲了。浪費生命，就犯下了悲慘的錯誤。

這裡我就要提到冥想了。不需要每天冥想，但我真心認為每天會比較好，即使你是商業大老、金融交易員、頂級運動員或國家領袖。事實上，如果你想做這些職業，就一定要冥想。我又想起甘地的另一段話：「今天我有那麼多目標要達成，光冥想一個小時不夠，我必須冥想兩個小時。」

就算你扮演的角色沒有那麼高的壓力，我仍非常鼓勵你養成經常冥想的習慣。面對挑戰時，這個習慣維持你的神智健全且強大，以最好的狀態思考，感受高度的放鬆。因此你能做出最明晰的決定，達到最高的績效。

冥想也能降低致病的炎症，延長你的壽命。每次冥想時，並不需要花很長的時間。

我酷愛冥想一個小時或兩個小時，但你想要的話，微量進行也不錯。做不到六十分鐘，三十分鐘也可以。沒有三十分鐘的話，十分鐘也好。如果做不到十分鐘，五分鐘就好。

有總比沒有好。而且每一次冥想都很有意義。真的，是真的。追求完美不如持續進步。穩定的增益聯合起來，讓生活中的滿足感能持續更久，內在的自由也更能持久。

27

練習天體日光浴的規則

好啦，或許不用脫光衣服（但如果你想脫光，我無所謂）。

重點是，我鼓勵大家在打造第二種形式的財富時，可以考慮享受陽光令人目眩的價值（不要在陽光下待太久，對身體不好，但適度的話就有益）。每天都曬曬太陽，或晴天時記得曬一下。

適量（十到二十分鐘）暴露在陽光下，會增加體內的血清素，提升快樂的程度。這種程度的日光浴據說可以增加五千國際單位的維生素D（遠超過一日建議攝取量）。有些研究甚至建議，早上八點到中午之間曬一下太陽，有助於減重。還有，晨間日光浴（一樣要適量）可以讓陽光進入眼睛，提高精神集中力、白天的整體警覺度及夜間的睡眠深度。

也請聽好了：《內科學誌》（*Journal of Internal Medicine*）提出一份研究，研究對象有三萬名瑞典人，結果發現每天花一點時間曬太陽的人比不曬太陽的人壽命多上六個月到兩年。

當然，在陽光的紫外線下曝曬過久，可能導致癌症，大家應該都知道；但多曬一點點太陽的習慣或許就能增長你的正能量、增進穩定、提供最富裕的人生。

28

爆汗運動，絕對不傻

今天早上起床後，很不想運動。腦海裡浮現一連串超讚的藉口：「今天休息一天吧」（我不需要休息日，因為幾天前才休息過），還有「我是個藝術家，為什麼不享受當下呢？」以及「明天去健身房的時候，我會加倍努力。」

然而，我探手到每個人內心都藏有的龐大意志力（跟肌肉一樣，多用會變得強壯），逼我自己去健身房。藉口是騙子，拖延是小偷。我想到了傳奇拳王阿里的教導，他說：「我痛恨訓練的每一分鐘，但我說：『別放棄。現在受苦，餘生就都是冠軍。』」

結果呢？更願意動起來，運動就變得更容易。真的。我開始放葛雷特范弗利特樂團（Greta van Fleet）的〈鎮魂歌〉（Anthem），調高了音量，並加快了速度（我在跑步）。流愈多汗，我愈覺得快樂。跑得愈久，我的精力愈旺盛。結束後，我感到棒透了。去做抗拒的事，完全改變了一整天的本質、氛圍和能量。

說到這裡，我想給你什麼樣的教導？很簡單。儘管起床後，你覺得今天很不適合去運動，但一旦動起來，我敢用我可靠而泥濘的登山車來打賭，你發覺你做了正確的決定。因為精神抖擻地運動後，你一定會覺得你的精神提振了許多。

29

執行三十天戒糖挑戰

輔導億萬富豪、當新創企業家的顧問或為知名演員提供諮詢時，我常建議他們進行一系列的三十天挑戰。這個練習效果非常好。

……如果目標是變得健康，可能是每天早上走一萬步，連續三十天。

……如果焦點是提高正能量和心理韌性，可能是整整三十天不能抱怨。

……如果目標是大幅提高工作品質，可能要挑戰戒掉社群媒體三十天，或前往海邊避靜，完成他們的代表作。

懂了嗎？這個概念的效果真的難以置信；每天做紀錄或用網上的習慣追蹤程式，效果更好。如果有一天沒做到，沒關係，不要責怪自己。明天重新振作就好。在這裡話題一轉，來說說糖吧。

你知道嗎？糖完全是毒藥。可能導致腸漏症、糖尿病、脂肪肝及心臟問題。助長癌細胞發展、導致腦部病變、讓代謝疾病惡化。讓糖遠離你的人生，你的身體健康、精神集中力、精力程度和壽命都會上升。

對，三十天不要碰糖。前幾天會很難受，嗜甜的習慣怒吼著想要冰淇淋、糖果、巧克力、汽水，但身體開始適應，你會渴望比較自然的食物，也會開始覺得非常、非常、非常舒服。記得嗎？所有的變化一開始都很難，到了中間則一團亂，最後卻大放異彩。嚐起來最美味的，莫過於健健康康的感覺。

30

承諾一場多巴胺排毒

要讓健全的財富形式提升到新的層次，有一個很好的辦法便是脫離對多巴胺的持續渴望。

社群媒體應用程式設計的重點就是讓身體釋放更多這種神經調節物質，因此你覺得充滿動力和成就感。看到自己發的文有人按讚，腦部的酬償中樞就會啟動，釋放更多多巴胺。

同樣地，看內容驚險的電視節目、把時間表排得非常忙碌、吃甜食和從事其他的解悶活動，例如簡訊傳個不停、不斷滑手機、強迫性購買衣物及飲酒，都會醞釀多巴胺回饋循環。做這些事會給你立即的愉悅感，接著大腦釋放多巴胺，進而鼓勵你繼續尋求這種愉悅（但通常有毒）。

你一定要知道的關鍵資訊：製造的多巴胺變多以後，你需要更多的多巴胺來得到同樣的亢奮感。除了導致多巴胺不足，也會造成享樂適應的心理學現象，做了所有那些曾讓你感到快樂的事，現在卻沒有感覺。厭倦感浮現，你注意到生活中能帶來喜悅的東西少之又少，導致你去追求更多的刺激，期待更有活著的感覺。一團混亂！

該怎麼解決？來一場「多巴胺排毒」。可以進行五天，甚至十天，做法是：

……起床後的兩小時內，不要檢查你的電子裝置。

……完全戒除社群媒體。

……在排毒期，不要看電視和玩電動，甚至不要聽音樂。

……在家吃簡單、清淡的食物，不要去餐廳吃大餐。

……每天花幾個小時獨處，保持沉默和靜止。

……在排毒的時候，不要接觸酒精或其他能提升情緒的上癮物質。

進行排毒，會再度校準你的多巴胺產量，防止腦部的獎賞系統遭到劫持，並打破壞習慣，例如不斷滑社群媒體的動態或看愚蠢的影片，還有在醒著的時候保持「奮鬥不懈」，以便讓自己感覺很有用。

我也想建議，放慢生活的步調，過得簡單一點。少忙一點，活久一點。我不禁想起亨利．梭羅在佳作《湖濱散記》（*Walden*）中的句子：

> 我進入森林，因為我希望能活得從容不迫，僅面對生活必不可少的現實，看看我能不能學到生活要教我的事，而不是在接近死亡時，才發現我未曾真正活過。

31

變成睡眠大師

要有更美好的感受，提升整體的健康，那就多睡一點。昨天晚上我睡了十個小時！我平常不會睡這麼久，但今天真的哇噢感覺太讚了！

有許許多多聲譽良好的科學研究告訴你我及今日遍及地球各處的善良靈魂，睡眠剝奪是導致壽命縮短的頭號要素。

雖然，一直以來我都鼓勵大家黎明前就起床（有數百萬人讀過我的《清晨五點俱樂部》（*The 5am Club*）、設定20/20/20法則以執行世界級的晨間例行公事，並用這種方法大幅升級自己的生命），但早起不應該讓你犧牲自己的休息時間。一點都不需要。

睡眠不是奢侈品，而是必需品（麻煩把這句話至少讀五次，然後刺青到大腦上，並深深刻入心裡，好嗎？）。因為良好的休息奠定基石，人生才能大放光彩。研究證實，在睡眠中，人體會啟動一個機制，清洗大腦。適當的睡眠洗掉腦中的毒素、修復因壓力而受損的腦部細胞，讓記憶得以組合並整合到最有效率的狀態。

良好的休息也會增加創意、提高生產力（為能量提供新的燃料），甚至能保證你的情緒穩定（方法是管理大腦內的杏仁核，這個區域在回應威脅時會釋放壓力荷爾蒙及降低大腦邊緣系統杏仁核劫持）。你有沒有注意到，如果晚上沒睡好，是不是很容易過度反應，做出錯誤的選擇反而導致嚴重的問題？我甚至想大膽指出，大多數的錯誤可能都犯在我們感到疲憊的時候。睡個好覺，讓看法恢復正常，就能讓一切都變得更好。

我建議大家養成聰明的睡眠習慣堆疊，就可以將休息時間校準到最高的等級。

例如：

……工作結束後，好好散散步，走遠一點，等你上床的時候感到非常疲倦，就會睡得很甜。

……晚上八點以後不要看數位裝置，減少暴露在白色螢幕前的時間，因為這會影響褪黑激素的製造（在睡眠中，褪黑激素能進行有益的修復）。

……睡前的儀式，包括靜靜寫下今天的小勝利、記錄微小的喜悅時刻給你的教導、泡熱水澡並聽安撫的音樂放鬆，也關掉通知、新聞以及會導致焦慮和過度刺激的東西。

……清掉家中的雜物，前一天晚上便把運動服及運動鞋準備好，一起床就換上去運動，所以醒來的時候沒有拖延的藉口。

……讓臥室的溫度保持涼爽，不要放科技產品和會造成干擾的東西（如果你住在繁忙的都市裡，用白噪音機器擋掉令人不悅的聲音）。

美國作家吉姆．布契（Jim Butcher）告訴我們：「睡眠是神。去敬拜吧。」智慧之語。

32

出現在健身房的樣子，就是你想在人生舞台上現身的模樣

今天下雨了，我在農舍裡。窗戶都很有年紀了，因此有一點雨水滲了進來，灑在我摯愛的書桌上。但我覺得沒關係，淋了雨的書桌更有性格。

這一章的教導很直接：你的健身房慣例就是你的生命實踐。你出現在健身房的樣子決定你在人生其他領域運作的模樣；因為你做一件事情的方法其實準備好了你做所有事情的方法。因此，利用運動來設立對人生也有益的方法。

看到超強健的人，我總能看出他們有五個關鍵特質，不光為他們帶來身體的健全，對整體的生命也有貢獻：

集中力。在運動時，其實在訓練你的集中力。可以比喻成冥想，把思路放在正在做的事情上，完全浸潤在當下這一刻。如果心思開始游移，把它帶回現在。多加練習，在健身房以外從事活動時，就更能集中注意力。並把注意力放在重要的活動上，不會時常分心。

投入。你不想鍛鍊身體，但還是動起來，最後也愛上了這個習慣，就是給身體最好的鍛鍊。持續做你沒心思做的難事（但你知道應該要做，因為對你就是很好）才是創造英雄的方式。因此，守著對自己的承諾，做你告訴自己應該要做的運動。每一次鍛鍊，都讓你更接近你最高的健康目標。規律進行，你會注意到你投入的程度和穩定度來到新高，也會讓你在生活的其他領域獲得勝利。

卓越。沒錯——意思是用精確的姿勢跑步。做瑜伽體位時，表現出優雅、技能與正位。舉起槓鈴時，表現優異。衝刺的動作近乎完美。在健身房裡的卓越表現預示了生活中的卓越。確認在你內心建立出習慣的結構，因此出了健身房之後，平庸更不可能是你的標籤。

堅持。有時候在健身房裡做什麼都不對，我必須坦白告訴大家，昨天就是這樣。波比跳快把我累死了，伏地挺身做得不如預期，我很想半途而廢。但我不是弱雞。我不會放棄。我知道，在我想停下來的時候卻堅持下去，才是最用力活著，而且對自己誠實。所以我咬著牙繼續了。你當然也做得到。不要放棄，就能在生命的各個維度都更能堅持下去。

改進。專業運動員都一心想著如何持續進步，而不只是能把戒指戴上自己的小指——因為他們明白，成為冠軍才能得到戒指。我看了已故NBA傳奇球員柯比・布萊恩（Kobe Bryant）的訪談，他說在每一次練習時都要留在當下，並在過程中找到喜悅。他的口氣宛若禪宗的師父，教誨活在當下的好處，而不是一直想著最終的結果（拿到冠軍）。他也說，學會愛上每一次練習以後，他是聯盟裡最常練球的人：一大早一次，午餐前一次，下午一次，傍晚還有一次。他笑容滿面，結論說每天執行這樣的練習模式，日復一日，月復一月，年復一年，他的技術和技藝愈來愈高超，讓他頗佔上風，在比賽中沒有人能追得上他。一個也沒有。

因此，走進健身房時，一定要全力以赴。因為，那樣設定出來的模式，決定你如何去享受充滿真實財富的生命。

33

學會熟練地加乘壽命

聽廣播的時候，主持人在批評「生物駭客」，另一名評論家則在嘲諷歐洲一家隱匿在阿爾卑斯山中的長壽診所。兩人都說老化是自然過程，無可避免，人類必須接受，不該想法擺弄。真的嗎？

讓我想到，伽利略說地球是圓的，遭到反對者的質疑，還有思想封閉的犬儒主義者說汽車永遠不會取代馬匹和馬車。

硬科學說得很清楚：正確的思考和飲食，以及做對的事，可以減緩老化。幾位備受推崇的醫師甚至證實老化其實可以逆轉。傑出的發明家和未來學家雷·庫茲威爾（Ray Kurzweil）說得好：「活得夠久，便得永生。」正在流傳的醫學進展及長壽的新方法會令人很開心，同時讚嘆不已。

在今日的輔導課程中，我希望你願意認真投資，為自己增添幾十年的壽命。想想看（閉上眼睛，認真想一下），採納良好的生活習慣，例如慎選創新的營養補給品並服用，以及洗冷水浴和冰水浴、使用熱烤箱、間歇性斷食、適度曬太陽、適合個人基因體的飲食計畫及經常冥想，還有常常走進大自然及大量良好的睡眠，可以讓你的壽命增加二十、三十、四十、五十或更多年。

大幅增加你的壽命，複合效應的神奇力量會讓你享受許多好處，不僅是高價值的財務生活，還包括其他領域：

……多了二十年的生命可以研究、練習及升級你的工藝，想一想，你在你的專業裡會變得多出眾。

……多了三十年的時間陪伴家人與朋友，想想你可以跟你愛的人去多少場冒險、能享受到的豐富體驗及能夠傾注給他們的善意。

……多了四十年的壽命，你可以開心地思考能贏得的勝利、能讀的書、能去哪些地方旅遊、能學的新語言，以及一定可以達成的個人成長。

……多了五十年，想想你能幫助那些人、你能展現的善良及你能創造的壯觀衝擊。

學會加乘你的壽命，將更多的非凡注入你的日常。跟所有的東西一樣，一開始時小步前進即可。持續不斷，在你想停下來的時候，也要繼續前進。就現實來看，我們很容易高估一個月內能達成的進展，卻常常低估半年內能走多遠。

好的。我的狗狗超級好友要我帶她出去散步。我得走了。之後再聊吧。拜拜。

34

每星期選一天只吃一餐

這裡的訊息很有挑戰性。現代人都知道，熱量限制對健康有益，還能延年益壽。讀一讀自噬的報導吧——很值得在你珍貴的生命裡抽十分鐘出來研究。

我想建議你，每星期至少斷食一次。對，每星期選一天，那天只吃一餐。也可以考慮把你那一天要吃的東西送給遊民或附近的食物銀行。如此一來，提升了兩個生命。讓我想起我很喜歡的一本書《流浪者之歌》(*Siddhartha*)，作者赫曼·赫塞(Hermann Hesse)說：「每個人都可以變魔術，每個人都可以達成目標，只要他們能思考，只要他們能等待，只要他們能斷食。」

間歇性斷食給身體少量的壓力，促使身體離開平常的狀態，啟動所謂的激效反應(hormesis)，這種現象表示身體發動了一大批的細胞過程，會降低發炎、修復細胞損傷、提高恢復力及對抗加重老化的氧化壓力。我通常一星期會斷食兩天或三天；不是出自宗教的理由，如果身體真的需要營養，我還是會進食。這項紀律改變了我的人生，頭腦清晰度、自律、創造力、精力程度及年輕的感受都提升了。

在古代，羅馬人、埃及人和希臘人都用斷食來幫身體排毒、淨化情緒生活、強化堅韌度並增加精神力量。

體驗暫時的飢餓感也可以讓你對那些為饑荒所苦的人更有同理心，刺激你為有需要的人奉獻心力。所以，如果你還沒試過這個習慣，試試看吧。一開始會覺得很難，變成新的日常以後，感覺棒透了。

35

笑口常開，延年益壽

「我們不會因為變老而停止玩樂；我們會因為停止玩樂而變老。」愛爾蘭劇作家蕭伯納（George Bernard Shaw）說。很純粹的智慧，對不對？

世界很複雜，充滿了非常真實的擔憂，以及愈來愈多的危機。我不想列出來，說真的，一一列出會讓我很傷心。總之，在這個令人迷失的年代，最聰明的一個選擇就是記住理察．卡爾森（Richard Carlson，我已經故世的好友）的話：「別再為小事抓狂——那都是小事。」

聽好了，穩定成長且非常特別的你，我並不是說我們的文化所面對的問題都是小事。絕對不是。然而，生活的重點是活著的人。即使你能享有長壽，仍有可能在不知不覺間一命嗚呼，就此入土為安。你或許不想聽，但我仍要說，不時連結到你的死亡，會為你的日子注入更多生命力。因為你會更清楚意識到你的日子有限。

多重危機同時爆發時，要能以輕快的心情去面對，最好能明察事理。面對問題時，我常問自己：「有人死了嗎？」如果沒有，我就立刻開開心心地繼續處理事情。我也會問自己：「一年後，這件事還有關係嗎？」甚至問自己：「我看到了什麼契機？」

然後，雖然聽起來很奇怪，但我會強迫自己笑一笑。真的。有時候對著鏡子大笑，有時候會去樹林裡。你知道嗎？光是微笑的動作，就會導致大腦釋放一連串神經傳導物質，例如催產素和血清素，也會產生腦源性神經滋養因子這種神經傳導物質調節劑，這是大腦神經可塑性的關鍵因子，尤其能提高學習效率。你發現了嗎？笑聲已經證實可以降低壓力、提升心智健全度、減少慢性疼痛、促進心臟健康及產生更強的免疫力。

歡笑療法很久以前就出現了。在一三〇〇年代，為病人提供術後治療時，法國外科醫師亨利．德蒙德維伊（Henri de Mondeville）就用幽默當成他的工具。第一次看到相關報導時，我微微一笑，因為很有意思。

一九六四年，美國記者諾曼．卡森斯（Norman Cousins）被診斷出罹患嚴重的疾病。他在《新英格蘭醫學雜誌》（*New England Journal of Medicine*）發表文章，標題是〈疾病的解剖學〉，詳述靠著高劑量的維生素C及不斷大笑，克服了退化性膠原病。「我很高興我發現了一件事，十分鐘的捧腹大笑，具有麻醉的效果，能給我至少兩小時無痛的睡眠時間。」

在苦難中為了逼出笑聲，他會看美國喜劇演員馬克思兄弟（Marx Brothers）的電影，及實境節目《隱藏攝影機》（Candid

Camera）的重播，也要護理師唸好笑的文章給他聽。

快到生命的終點時，卡森斯說：「這個療法很有可能展現了安慰劑的效應。儘管如此，卻是很強的安慰劑——『住在內心的醫生』。」

最後一件事。根據一項研究，四歲的小孩一天平均會笑一百次，而成年人則平均笑十五次。喜劇演員史提夫·馬丁（Steve Martin）每天早上都對著鏡子笑幾分鐘，讓自己進入正面的心情。或許，你也應該試試看。

36

日本武士的呼吸

你聽說過嗎？幾個世紀前，日本武士會把羽毛放在鼻子下方，測試自己是否準備好上戰場。如果羽毛動也不動，就可以出征。平靜的呼吸表示他們處於高度集中的狀態，也非常有自信和勇氣。

「好好呼吸，就是好好生活。」有史以來最偉大的智者說。

太多人被日常生活的責任與壓力追趕，已經忘了怎麼正確呼吸，吸氣和呼氣既快又淺，而不是來自腹部深處。同時，因著負面的回饋循環，輕淺的呼吸發動交感神經系統，碰到緊張的情況時，神經系統的這個部分會出現「戰鬥、逃跑或僵死」的回應，產生更多的壓力和擔憂。

深深地呼吸（也稱為腹式呼吸）不光能讓你在面對挑戰時放鬆，增強心智及情緒健全，也能盡量提高集中注意力的時間（在數位裝置持續造成干擾的環境中）。

強大的日本武士用呼吸法來過著富裕、有意義且高尚的人生。讓我們向他們學習。

37

學習和尚的誦經

我對和尚與佛寺很有興趣，那些最純淨的人進行經得起時間考驗的儀式，例如冥想、祈禱和誦經，發展心理、身體、情緒及心靈的超能力。十年前，我寫了《和尚賣了法拉利》（*The Monk Who Sold His Ferrari*），而在那之前，我就已經開始研究這些高超的靈魂怎麼做到那些很驚人的事——有些和尚訓練自己能隨心所欲升高體溫、忍耐極度的疼痛及長期斷食，只喝水度日。

對這些罕見的存有，我最著迷的是他們每天早上五點的誦經，用這個習慣確保自己的健康處於理想狀態，同時也保障強大的精神生活。

科學研究正在努力趕上和尚的步伐，新的證據顯示，聲音療法及真言冥想（反覆唸誦某個詞或某個句子）能增強迷走神經，也是抗壓能力和保持快樂的關鍵。

在黎明的曙光出現時，我在早晨的練習中常會唸一句真言，讓我的一天有個美好的開始；真言的原文是mantra，

「man」是梵文裡的「心智」，「tra」則是「自由」，因此真言能釋放你的頭腦。

我最喜歡的口號有：

……「每天，以及在每一方面，我都變得愈來愈強壯，愈來愈健康快樂，愈來愈和善。」（這句真言衍生自法國醫生愛彌爾．庫埃（Émile Coué）的名言，出自他的著作《暗示療法的奇蹟》〔*Self-Mastery Through Conscious Autosuggestion*〕）。

……「這一天是一份禮物，我要把這一天過得非常美好，審慎利用，有自信地穩定進步。」

……「我正在成就艱難的計畫，而我覺得很輕鬆，也充滿喜悅，我的能量、技藝及勇氣也持續成長。」

……「成為有用的人、幫助有需要的人、盡我所能為許多人做好事，就能活得很充實。」

希望這些話對你有幫助！別忘了，你不知道你有多強大，你的天分遠超過你的自我認知，你的未來為你儲備了豐厚的魔法。信任自己，相信自己（尤其在別人對你沒有信心的時候），持續前進，始終如一。

38

視獨處為保健的方法

我們從小得到的教導是盡量與其他人作伴。經常孤獨一人，可能被別人譴責是遁世者，斥罵他們置身世外。

留在群體裡。確保自己能融入。想法要和其他人一樣。我們被教導不要大膽凸顯自己。

因此，我們與最安好、最有智慧、最有創意、最真誠、最和平的自我離得愈來愈遠，甚至不知道自己錯過了什麼。若屬未知，何以得知。

在極其罕見的時刻，我們確實發現進入獨處的形式，便立刻伸手去拿自己選擇的藥物，例如高科技的器具、喧鬧嘈雜的新聞放送、震耳欲聾的音樂，及無意義的線上聊天、數位約會、持續刷負面新聞和工作過度，只為了避開自然的狀態。也就是存在。

然而，在自我的臨在中，才活得最酣暢。你與你的關係確實會決定你與他人的關係。如果獨處時非常不自在，在社會中也不會覺得自在。

我的輔導方法論有一個「3S焦點」，你可以練習。三個S分別是靜寂（Silence）、靜止（Stillness）與獨處（Solitude），處在無聲中，尋求靜止（因為我們在一個過動的時代），享受獨處異乎尋常的禮物。三種狀態的合一絕對能提升日常體驗到的健全，來到無邊無際的程度。也是金錢買不到的財富。

「在大多數時候，我覺得獨處有益身體健康。與人為伴，即使是最好的朋友，很快也會變得乏味，耗損精力。我熱愛獨自一人。我從未找到像孤獨這麼友善的同伴。」這是亨利·梭羅寫的，他是我一直以來最喜歡的哲學家。

美國詩人梅·薩藤（May Sarton）也有她的觀察：「寂寞是自我的貧乏；孤獨是自我的富裕。」說得很棒，對吧？

39

加大你的感激之情

在寫這段訊息時，我人在世界的另一個地方，這裡非常貧困，十分令人難過。今天上午稍早的時候，我跟在健身房工作的人聊了一下。我問他過得怎麼樣，他給我一個大大的微笑（大得就像前面輔導訊息中提到的吉薩大金字塔），熱情回覆「非常好」。

我繼續追問。他向我解釋，他家是一棟鐵皮屋——一棟小屋，用金屬壁板搭建。要洗澡的話，他會去公共區域的水龍頭接水，然後在老舊的爐子上加熱，用破了洞的水桶沐浴。家裡沒有廁所，就幾樣東西，食物也很少。

他的妻子和小孩為了省錢，住在另一個國家（那裡的生活費甚至比這裡更便宜），要去看他們的話，他輕聲解釋必須搭四天的巴士。「在路程中，我們幾乎不會下車——白天晚上都在車上。可是，要見到家人，就只有這個方法。我們也習慣了。」

他依舊滿面笑容，繼續說道：「我很感恩，非常感恩，我還活著！」他的身姿挺直，有種明顯的尊貴感，我心裡覺得他是個沒有頭銜的國王。

嗯。非常感恩。只為了他還活著。我們一定要向這位精神富足的人學習。

在《每日英雄宣言》裡，我提到我遇到的一個人，他來自地球上生活比較艱難的地方，一看到人就喜形於色。我問他為什麼，他說：「我看過很多死掉的人，所以看到活人，我就很開心。」

他對生活的態度多麼奇妙、崇高又出色吶——尤其在這個時代，太多人有那麼多可以感恩的事，卻在飛機延遲起飛或超市排了長串人龍時，選擇發牢騷和抱怨。我絕對相信，要活出真正富裕的生活，一個要素便是寬厚和感恩的心。

我知道這是很簡單的智慧，卻很少看到願意經常實踐的人。因此，我想到了波斯的諺語：「因為沒有鞋穿，我滿口怨言，直到我看見那個沒有腳的人。」

要如何看待人生，你所具有的力量絕對超過你當下的認知。如果你能明白我的意思，人類最高的選擇便是去注意沼澤中的蓮花、荊棘中的玫瑰及天上的繁星，而不是石頭。

今晚，我覺得我滿載祝福。為什麼？因為我要帶我超讚的女兒去吃飯。我們這一桌沒有其他的家庭成員，沒有我的朋友，沒有小狗——只有父親和女兒。聊著她的網球比賽、我近期的旅行、她即將啟程的印度之旅，以及最近讓我們很興奮的事。

為此，我表示深深的感激。女兒是我第二個孩子，她上次從印度回來時帶給我一個禮物，包裝得很仔細，綁了一條簡單卻精美的紅線。遞給我的時候，她咧嘴一笑。

「爸爸，這是給你的。我把這個東西一路帶回來送給你。希望你會喜歡。」

我真的很喜歡。現在還是很喜歡。我把那隻木雕小象放在我的書房裡，一整天都可以看到。我必須告訴你，小象在我心中的價值超過任何一台法拉利（我沒買過法拉利）、快艇（我並不想要）或訂製西裝（我也不想穿）。因為，那是女兒給我的禮物。

你聽過正向心理學家用「刻意感恩」（deliberate gratitude）一詞敘述地球上大多數心理健康、體格強壯、情緒愉快及心靈強健的人表達的感激之情。不是那種一年一度在元旦發表的感恩，而是將讚賞之情當成經過深思熟慮的、有意圖的及規律的練習。

每天執行刻意感恩，不需花費分文，不是很不錯嗎？而且也很簡單。

只要撥一點時間出來，感謝生命中的福分。並要自己更注意你通常視為理所當然的事物。如果你能看得見、桌上有食物、有工作幫你實現你的責任、有兩條腿可以走路，頌揚這些禮物。萬一失去了這些禮物，你會很失落。

我要你加大你的感激之情——就從現在開始。多多感恩，你會愈來愈熟練（就像其他不斷練習的技能）。要不了多久，你就能得到驚人感激之情的碩士學位及日日欣喜的博士學位，在填滿個人世界的那些事物中（即使是艱難的事物）感受到微妙的珍貴。這真的就是我對你的祈願。

40

洗冷水澡，少看醫生

目前已經有科學證據證實，泡冰水、在結冰的湖裡游泳及用冷水淋浴等「冷水浸泡」習慣有助於讓心情變得正面、強化認知功能和免疫反應、加快鍛鍊後的恢復速度，甚至可提升心血管健康。

《歐洲心理學期刊》（*European Journal of Psychology*）發布的一項研究證實把自己泡在攝氏十四度的冷水裡，會讓多巴胺（讓你變快樂的神經調節物質，可增強集中力和動機）增加百分之兩百五十！

我要先說清楚，在這本書裡，我絕對不會提供任何醫療建議，然而，研究結果也顯示，快快沖一下冷水對健康有一些不錯的效益，例如提升腦部健康（身體會釋放冷休克蛋白質，能防止神經元損失）和延年益壽（冷水會活化延長壽命的蛋白酶體）。

原理是什麼？答案也是我前面提過的名詞：「激效反應」。記得吧，這個現象指身體回應有壓力的挑戰時，會啟動一連串細胞反應，令身體累積力量、健康、長壽和恢復力。適量的激效壓力源，例如低溫、間歇斷食或高強度間歇運動，會迫使身體適應，進而導致新的粒線體形成、從身體移出更多毒素、改善血糖調節，還能促進伊麗莎・艾波（Elissa Epel，加州大學舊金山分校老化、代謝及情緒中心的主任）所謂「減緩老化的細胞打掃活動」。

所以，多洗冷水澡。或許能減少看醫生的次數。

41

鍛鍊心靈的健全

在我們的文化中，我很高興大家對頂尖健康狀態的想法已經有了變化，不光是身體的健康。愈來愈多人認識到，健康的身體若缺乏頭腦的活力及治癒的情緒生活，就失去了價值。

然而，我誠心希望，「心靈健全」的概念對大多數人來說不要那麼陌生和神祕。我輔導過很成功的金融家、名人企業家及運動明星，我們最初使用的學習模型包括「四大領地」（The 4 Interior Empires）體系，顯示世界級並令人非常有成就感的健康狀態需要你在四個重要的領域中認真鍛鍊，達到最高程度：思維模式（心理）、感情模式（情感性）、健康模式（肉體）、靈魂模式（心靈）。這四個健全的領域每一個都需要投入和進步，不然你永遠無法享受最富裕、最美好的人生。

靈魂模式與宗教無關，一點關係也沒有。靈魂模式的訓練很簡單，就是要加深你與最睿智自我的連結——那個你知道什麼最適合你，在碰到麻煩的時候能站穩腳跟，保持氣度。那個你明白，不去實現你與生俱來的天賦與才華，就是世界的損失（因為我們錯過了你的天分能產生的成果）。那個你樂於施予，而不光是索取。是英雄，不是受害者。

為了添加心靈的燃料，真的要多給自己一點獨處的時間。每個星期撥出幾個時段靜坐，最好能每天都有一段深入思考的時光。到森林裡散步，更新你的高我與最好的自己。想要的話，可以祈禱，閱讀有智慧的文學作品，還有，碰到有需要的人，在沒有盡力紓解他們的痛苦前，千萬不要離開。幫助的人愈多，你的靈魂愈能擴展。

我們現在即將結束財富第二種形式的章節，但我很希望能鼓勵你，在追求理想的健康狀態時，不要忽略心靈生活。靈魂受到良好的照顧，便能為你的生命帶來真正的財富。

財富的第三種形式

家庭

快樂的家庭，快樂的生活

快樂的家庭就是人世間的天堂。

——蕭伯納

財富的第三種形式

家庭｜概覽

美好（即使永遠不可能達到完美）的家庭提供的愛是生命中最甜美的報酬，這種貨幣的價值也遠超過任何數量的金錢。

如果你的財務富足，可是與你的宇宙中最重要的人卻只有薄弱的人際關係，就不能說自己是*真正的*富裕。

壯實、充滿喜悅而快樂的家庭生活是個人故事的基本建材和基礎，除了讓你充滿成就感，所含有的創造力、生產力與對他人的衝擊都是最強大的你所追尋的目標。

知道愛你的人關心你，並細細品味好朋友的陪伴和他人的祝福，便是真實勝利的獎盃。有趣的是，我們當中有太多美好的靈魂不重視家庭生活——失去了才覺得可惜。到了那時，頂級家庭生活的豐厚寶藏才更受到注目。黎巴嫩詩人紀伯倫在代表作《先知》中寫道：「到了離別的時刻，才知愛的深度。」

投資在最親近的人際關係上，用更高度的愛讓每一個時刻更加豐富，是你這一生最聰明、報酬率最高的投資。來吧，讓我們一起深入研究財富的第三種形式，也是必不可少的形式：家庭。

42

那一回，我媽槓上了飆車族

這不是我編的：一群飆車族搬到我爸媽住了幾十年的那條街上。他們租下鄰居的房子，在一度非常寧靜、兩邊種滿樹木的郊區街道上加速狂飆，撼動眾家的窗戶。

我那一向無所畏懼的母親（現在八十多歲了）出去買了一組霓虹橘的三角錐，就像高速公路建築工人用的那種，細心擺放，讓摩托車騎士們放慢速度。

她的目的不是為了自己的安寧。我的孩子那時還很小，常在我爸媽家門前的街道上玩耍，她擔心孩子的安全，所以要保護他們（阿嬤加油！）。

這個策略基本上沒什麼用。飆車族確實放慢了速度，但在我媽眼裡，他們的車速依然有點過快。

有一天，飆車族在他們家門外，坐在摩托車上休息，聽著莫札特的《第41號交響曲》（好啦，這段是我編的，不過其他都是事實），我媽跟鄰居說她要過去。

「我要跟他們聊聊，為我的孫子著想，騎慢一點，」她說。「我可不希望小孩出事。」

「不要啦，拜託，不要去，」鄰居勸她。「他們很危險。」

「我要去。」勇敢的阿嬤說。

然後，她真的去了。她要他們騎車慢一點，更小心一點。當大家的好鄰居。

勇敢的阿嬤得到了什麼回應？他們非常有禮貌，可以說是親切了。這群外表強悍的飆車族心地善良。領頭的人說（寫到這段話，我忍不住眼眶泛淚）：「夫人，您的孫女就是我們的孫女。我們會很小心，謝謝您。」

我媽回到家裡，烤了一大盤巧克力碎片餅乾，拿去送給他們。沒想到吧，她做了餅乾還送給飆車族。

帶頭的說，如果她需要幫忙，他們義不容辭。她笑著回到家。那群人則坐在摩托車上吃餅乾。

故事的重點是什麼？很簡單。在真實富裕的人生中，沒有什麼比家人和好鄰居更重要。和他們保持親近。

43

開設愛的帳戶

今天，可以用哪些小舉動拉近你與最看重的人？看到在努力的人，可以提供什麼樣的善意及善行，讓他們有更開心的一天？你可能沒想到，心懷慈悲之際，光是給予就能讓你感覺更好。也能讓財富的第三種形式出現深遠的成長。

為了讓自己更有愛，開設一個愛的帳戶。每一天，做一件小事，為身邊你愛的人增添一點喜悅，把一點愛存進這個很特別的儲備庫。不需要什麼理由，買一束鮮花送給伴侶，買一本你最喜歡的書送給最好的朋友（最好是《清晨五點俱樂部》），或花時間清楚告訴小孩你對他們有什麼感受，都是很不錯的起點（每次見到我的孩子，以及跟他們道別時，我都會很慎重地跟他們擁抱；誰也不知道明天會怎樣）。

每天存一點點到愛的帳戶裡，帶來的快樂遠超過裝滿珠寶的保險箱。同時，確保你的自我價值一定高於你的淨值；不過，對最佳人生來說，財務自由當然很重要，在後面的章節，我肯定會討論一些轉化的工具，幫你實現財務自由，你一定會覺得非常有幫助。正如愛默生的金句：「少了豐富的心，財富只是醜陋的乞丐。」

44

法則：活在所愛之人的眼界裡

如果你要和伴侶、親人及最真誠的朋友建立超級豐富的關係，遵守這條最高的法則：如果他們很看重某樣東西，你也要很看重這樣東西。

也就是說，用所愛之人的眼睛來看世界。不論他們與你分享了什麼問題、活動或興奮之情，試著看見他們眼中的世界，感覺到他們心裡的感受。

這個想法遠超出一般的同理心。重點是顯著擴大你給予某樣東西的重要性，即使你通常不怎麼注意這個東西——只是因為你非常在意的人認為這樣東西很重要。

等你能熟練實踐這項法則時，再帶入更大的社群。用這種方法活著，你的生命會變成一項禮物，也是很多人心目中的美好典範。

45

細細品味家庭生活中的小驚喜

我知道這個想法很普通，但對我來說很有意義，所以我想寫一小段輔導訊息給你。

又要從我母親說起。昨天晚上，我們安排了大家族的聚會，母親一如既往問我：「要帶什麼去？」一如既往，我回覆：「什麼都不用，媽媽，妳跟爸爸人到就好。東西都準備好了。」

媽媽到的時候，看起來跟平日一樣美麗高雅，手裡拿著一個裝了東西的小袋子。

「羅賓，我帶了點東西給你。新鮮的薄荷，你早上可以泡茶喝。我今天下午去市集買的。你應該會喜歡。」

在生命中，我們很容易忙著追求社會認定的大獎，等我們發現其實不重要的時候，已經太晚了。在生命中，我們也常常忘了看似渺小的事物才真的很有意義，例如我深愛的母親從農夫市集買給兒子的薄荷。

46

不要記仇

人生苦短，放下怨恨。滾石樂團（Rolling Stones）的吉他手凱斯・理查（Keith Richards）寫了一本自傳《滾吧，生活》（*Life*），我記得書裡說到有個好友偷了他的錢。他並沒有把那個人踢出他的生命並懷恨好幾年，而是原諒他，覺得朋友可能比自己更需要那筆錢。然後他就回到錄音室，創作了更多歌曲。

有忍者之風，對不對？至少在我眼中是禪宗大師的行為。對另一個人類的缺點，給予如此值得敬佩、有英雄風範及充滿愛的回應。

有些人的哲學可能完全不一樣。他們的回應可能是「給他們一點教訓」和「沒有人可以那樣對我」和「他們得付出代價」。我懂。坦白說，有時候，我也有那些想法。

最近，一名客戶告訴我他父親死於胃癌，非常令人難過。那時只剩下一個月的時間。他父親已經五十年沒跟他叔叔說過話。他說，很多年以前，他們大吵一架。聽好了——他父親甚至不記得為什麼吵起來！但立場愈來愈強硬。隔開的牆愈來愈堅實。戰線已經畫下。

因此，半個世紀以來，曾經親密無比的兩兄弟，沒有對彼此說過一個字。一個字也沒有。

……想想那些本來可以一起去釣魚的時光。

……想想那些無法分享的家族大餐。

……想想他們沒享受到的笑聲、無法創造的回憶，以及他們拋下的兄弟之情。

客戶說，上個星期，叔叔到了醫院，進了父親的病房。他就這麼走進來。拿著一張卡片、一束花及一盒巧克力（包裝得很仔細，紮了大大的藍色蝴蝶結）。

病人說：「我好氣，氣我們失去了那麼多可以共度的年頭。」然後，他放鬆下來，咳嗽，流下了眼淚。

他弟弟也哭了，說：「我真的很想你。」他停下腳步，擦掉眼淚，然後在哥哥耳邊輕聲說：「我愛你。」

客戶的父親隔天就去世了。

千萬不要懷恨在心。怨恨不會帶來任何好事。

47

練習嚴厲的愛

人際關係並不需要變得無比困難。在一段關係裡，你要先說清楚你無法讓步的事情，還有哪些東西對你最重要。再者，你必須決定要不要嚴謹而不失優雅地保護你最看重的事物；也有需要強硬的時候。我們不能教別人怎麼對待我們，如果你一直讓人背叛和擊敗你，他們會覺得反正可以欺負你。每次遭到背叛和打擊，你就失去一點點自尊，一點點個人的榮譽。

人際關係有時候可能很難，但不應該總是那麼難。如果你有這樣的牽連，表示身陷有毒的關係裡，作為你身在遠方的導師，我真的要告訴你，你應該（馬上）脫離這樣的關係。我知道你不認為自己能改善處境，或還在祈禱他們會突然變成好人。但是，警訊就是警訊，你可能會浪費生命中最好的時光，期待能轉危為安。對，你會哀慟你的「損失」，有一陣子會覺得不好受。但比起留在關係中而降臨的悲劇，心碎的疼痛總的來說簡單多了。

我再說一次：如果你每天都覺得你的關係很痛苦，是時候切斷連結了。這個地方不適合你。你可以過得更好。斷開牽扯。清楚斷開。馬上。

我絕對不認為每一段關係都超級容易，能像每天去公園散步一樣。兩個人在一起，一定會有摩擦。

我只是認為，人際關係最終應該能帶來陪伴、鼓勵、成長、快樂和愛。如果都感覺不到，放手吧——在你寶貴的生命中騰出空間，讓更令你愉悅的事物進入。我們都知道，你應該要得到最好的。

48

你選擇的伴侶構成你百分之九十的喜悅

在主要的伴侶關係裡，我有了一點年紀才真正領悟到深厚的喜悅。這是真心話。我應該要跟你分享。就像其他的東西一樣。

五十多歲的時候，我找到真正的終身伴侶。她懂我，與我同在，讓我覺得我找到了想共度餘生的那個人。

現在，我人生中的八點檔已經結束了。有的親密關係氣氛火辣，又毫無穩定性，我對那樣的起起伏伏不感興趣。體驗過了。嘗試過了。

我們一定會重複同樣的艱苦經歷，直到我們學會這些事要教我們的功課。

不管怎麼說，艾兒太棒了。美麗、有智慧、口才好、關懷他人、搞笑、時尚、有文化修養，她的核心價值觀在我心目中也是最有意義的。她對世界的看法和我一模一樣。迷人的是，她和我在同一個城市長大。共時性是宇宙默默鼓勵我們的方式，對吧？

請聽好了，就像我在上一段訊息裡說的，所有的愛情關係都有充滿挑戰的時候。第一次、第二次、第三次就找到理想對象的機率很低。在尋覓的時候，要確定你找的是伴侶，而不是任務。在選擇伴侶時，我相信大家都很看重這一點。

我也同意，世界上確實沒有完美的人。我就不完美。我還沒有遇到一個身上看不到人皆有之缺點、傷痕及怪癖的人。但我真心相信，每個人都會遇到合適的伴侶。大廚茱莉雅・柴爾德（Julia Child）說過：「幸福婚姻的祕訣是找到對的人。如果你隨時都想跟那個人在一起，你知道那就是對的人。」那就是我現在的感受。我也希望你有同樣的感受（如果你還沒得到這種感覺）。

對了，一旦你找到那個對的人，在遇到困境（困境一定會出現）時，奮力留住他們。美好的終身伴侶並非唾手可得，傳奇愛情故事需要付出非常多的耐心。

49

練習三個超棒好友的規則

我深愛的父親付出五十四年的時光擔任社區醫生，他曾對我說：「羅賓，如果你有三個很好的朋友，你就很富有。時時親近老朋友。他們是很棒的寶藏——也很難找到。」

擁有三位接納你、鼓勵你、愛你原貌的好朋友（接受你的怪癖什麼的），表示你活得有智慧，能得到這份特殊的禮物。

……在他們身邊，你可以做自己，不需要為了融入而假裝成另外一個人。

……你笑的時候，朋友會跟你一起笑，你難過的時候跟你一起哭。

……懂你、讚賞你的願景的朋友（不論你的願景聽起來有多傻）。

……在國外碰到麻煩，可以在凌晨三點撥電話給他們的朋友，知道他們會立刻衝到機場，搭上第一班飛機來救你。

馬克・吐溫說：「益友、好書及寧靜的心：這就是理想人生。」我相信他說得對。

50

記錄大小時刻

很多年前，我在《死時誰為你哭泣》（*Who Will Cry When You Die*）裡寫了這一段訊息的主要概念。對我的人生極為有用，我覺得該從檔案庫裡挖出來與你分享。非常適合財富第三種形式的這一段：家庭與豐富的人際關係。

背景故事：小時候，我爸拍照的對象是所有的東西。

他熱愛攝影，也愛相機，那種老式的相機。要有一點臂力才能舉起，使用皮革肩背包帶出門，包上的小口袋放了不同的鏡頭。現在放在中世紀歷史的博物館裡的那種相機。

總之，我們家的每個時刻幾乎都捕捉在底片上。

……慶生派對和畢業典禮。

……學校的音樂會及假期。

……去動物園看黑猩猩。

……我騎在便宜的越野摩托車上騰空跳躍（其實是用割草機引擎改裝的）。

有機會的話，我一定要給你看我們的家庭照。反正你應該懂我的意思。我爸每個東西都可以拍照。

這裡拍幾張，那裡按幾次快門。全家一起旅行時，進度、活動及有意義（或無意義）的時刻，我爸都開心地一一捕捉。

可以說，彷彿他不認為有什麼是不值得拍的。彷彿他對每件事都充滿感激。彷彿他很清楚家人共度的時刻稍縱即逝。而那種魔法就藏匿在最普通的時刻裡。所以，他很看重重要的典禮，珍惜最小的恩典。很有智慧。也非常寬容。我爸就是這樣。

有一次，我問父親他為什麼拍了那麼多捲照片。他只微微一笑，然後把手放到我的肩膀上。

「沒有人知道未來會碰到什麼。我只想記錄我跟你媽媽和你們兄弟在一起的快樂時光。或許過了一段時間，你和弟弟會看我做的這些相簿，覺得自己真的很幸運。」

我和艾兒要前往義大利前，辦了一場特別的家宴，那時八十五歲的父親給我一個布包，裡面放了很老派的CD。他把堆積如山的照片和家庭影片帶去一家店，把所有的東西燒到這張CD上。「你小時候，我拍的影片都在這裡了，」他說。「這是我給你的禮物。羅賓，希望你喜歡。你一直是個很好的兒子。」

我深受感動。這不是貴重的東西，卻是我收到最好的禮物。

51

問一萬頓晚餐的問題

星期六早上，我最喜歡的一項儀式是去附近的城裡，上一堂純活動度訓練——伸展一下，拉開劇烈鍛鍊一整個星期後變得緊繃的身體。結束後，我覺得煥然一新，充滿活力。然後，我去一個很讚的廣場買週末的報紙，再找一間迷人的咖啡廳看報（常客都是詩人與藝術家），啜飲著超濃的濃縮咖啡，身邊傳來義大利人的閒聊聲。

前一陣子，在那間咖啡廳裡看報時，我看到艾莎・瓦達格（Ayesha Vardag）的新聞，她是英國知名的離婚律師。大受歡迎的足球明星、知名的億萬富翁和皇室權貴要結束婚姻時，都會去找她。她處理離婚有多年的經驗，分享了她對長久美好婚姻的洞見。「要有自己的臥室。」她的第一個指示。接下來的忠告我覺得特別精采，很適合用來累積生命中財富的第三種形式：

婚姻要長久，基本上要能享受彼此的陪伴，而肉體的陪伴隨著時間過去會愈來愈無趣。你必須找個在一起可以玩得很開心的人，能帶給你刺激。要從一萬頓晚餐來想：如果你能想像跟某個人一起吃晚餐一萬次，那就是你該結婚的對象。

在親密關係中最幸福的人會告訴你，他們「就是運氣好」，兩人都覺得中了頭獎（請讀兩次！）。絕佳的關係真的像買彩券：中獎需要不少的好運，真的中了，會有一種贏得大獎的感覺。守護親密關係的神明給你特別的恩賜，而看守家庭幸福的天使剛送上了親吻。

如果身邊的伴侶不讓你覺得自己特別幸運，或許他並不是你的真命天子。就像我前面說的，或許是時候繼續前進了。

52

互補不一定是王道

傳統的智慧常提到個性互補比較好、宇宙會碰撞，火混合了冰就有電流，這些我都懂。但就我的情況來說，並不是那樣。

在我的經驗中，有幸與伴侶建立了最簡單、最神奇、最有成就感及最持久的親密關係，對方都是跟我很像的人。

……我們喜歡做同樣的事，因此不需要協調先做我喜歡做的事情，然後換做一些我無法忍受的事情（例如去遊樂園搭乘設施，或參加觀眾喧鬧、比賽時間很長的體育賽事）。

……我們都很愛家人，也常花時間跟家人在一起。

……我們都愛好和平，不喜歡追劇，有過幾次「爭執」，也不像真的吵架，過幾分鐘就解決了（我看過文章說，一段關係能否長久，主要得看雙方如何處理矛盾）。

……我們很喜歡對方的陪伴，在托斯卡尼閃爍的星星下聊幾個小時，就是最美好的星期五晚上，我可能啜飲著最愛的無酒精琴酒（成分是植物性藥材），配上新鮮萊姆、從農莊裡摘來的一枝迷迭香及冰通寧水。我的超級好友荷莉通常會把頭放在我腳上，睜著一隻眼睛等待她最愛的蠑螈。

我要強調我的重點：在戀愛關係中，如果要用我最美好日子裡最好的時刻來解釋為什麼我有這樣的習慣、為什麼我會做我做的事情、為什麼我有這樣的生活方式、為什麼我有衝動去相信我那些不尋常的夢想（比如讓世界變得更美好，並讓讀者能過得更有希望），這絕對不是我想要的愛情。

那些話題不光耗盡你的生命力，浪費寶貴的時間，還會創造無窮無盡的誤解、混亂及困難（最後很有可能就是災難一場）。

對，你的感覺當然最重要，覺得對就好。你的睿智和力量遠超過你對自己的認知。跑完你自己的比賽，做自己的上師。我只是盡我所能給你建議，說出我覺得什麼對你最有幫助。

我確實也明白，在大多數情況下，我們並未選擇愛。是愛選中了我們。

我也絕對同意，每個來到我們生命中的人都有特別的理由，會在特別的時刻來到，幸運的話，會與我們共度一生。即使關係結束了，也不等於失敗，因為你也因此增進了愛的能力。在愛中的成長絕對不會變成廢物。

然而，找到一個契合的人，會讓你活得更幸福、更有生產力、更有樂趣、更平靜。你會體驗更高的創造力，大幅提升你的產能，賺（和存）更多錢，享受更完好的心靈、情緒、生理及精神健康，經歷真正喜歡的生活方式。

至少，那就是我個人的體驗。

53

把小孩看成巨大的禮物

我兒子念小學的時候，父親節那天他從班上帶回來一張手作的卡片。正面是他小小的手印，卡片裡面有張他的小照，文字是：

> 有時候你很沮喪，因為我這麼小
> 總在家具和牆上留下手印。
> 但我每天都在長大——有一天會變成大人
> 這些小小的手印一定會褪色。
> 所以這裡是一個清楚的手印，好讓你記得
> 在我很小的時候，我的手指是什麼模樣。
> 愛你的柯比

小孩子長大的速度飛快。人生真的一眨眼就過了。好像才在昨天，我在產房裡等著我優秀且永遠保持樂觀的兒子出生，過了兩年，睿智且神奇無比的女兒也出世了。現在他們已經成

年。過著很有意義的生活——柯比是作家，比安卡從事慈善工作。

你可能常常在想，等辦公室的事情少一點，肩膀上的責任減少了，就可以花更多時間陪小孩。但如果你不對生命採取行動，生命就會用耐人尋味的方式來驅動你。幾個星期過去了，幾個月也很容易就過去了，然後幾年突然流逝了，幾十年也過得很快，在不知不覺中，你以為永遠不會長大、有著一雙小手的孩子變成大人了，也不在家裡了。

54

有些傷注定不會癒合

昨天晚上我看了一部紀錄片，主角是全球知名的潘蜜拉·安德森（Pamela Anderson）。片中提到她演戲的經歷、當網紅的試煉，以及她與搖滾巨星湯米·李（Tommy Lee，重金屬樂團克魯小丑〔Mötley Crüe〕的鼓手）熾烈且風波不斷的愛情故事。

有一幕，安德森毫不隱瞞地訴說她的多段婚姻、沒有成果的戀愛關係，以及在尋覓適合伴侶時碰到的挑戰。然後，看著她與湯米·李的一段影片（似乎是他們最恩愛的時候），她的情緒明顯上湧，哭了起來，這時她站起身，離開了鏡頭。

他們兩人二十五年前就分手了。但我覺得很值得玩味（也很動人）的是，看到自己與湯米·李度過的魔法時刻，仍讓她有那麼強烈的感覺。看來，她對他的愛從未消逝。看到年輕時的兩人在一起，充滿了希望、承諾和熱情，深深打動了她。我想，有些火焰就是不會熄滅吧。

總之，有些傷注定不會癒合——雖然聽起來很怪——有時候，愛並不會因為關係結束了就消散。這不表示兩人應該要復合（我不禁想起一句很多人說的話：「有時候，那些人回到我們的生命裡，只是來瞧瞧我們是不是依然那麼蠢」）。只表示你們之間的愛很真、很重要，在你心中的祕密所在珍而重之保存起來。

還有你很強大，願意寬恕，不會尖酸刻薄，仍願意去愛人。太棒了！祝福你。

55

不要當濫好人

好的。善待另一半、家人、朋友或同事，但別跟軟弱搞混了。個性最和善的人受過很多苦，克服過無數的困難。經歷了痛苦後，他們找到自己的力量。他們的內在堅硬如鋼。

我的客戶在輔導過程中都在討論人際關係的問題，有時候在課程結束時，客戶會對我說：「羅賓，如果我關心別人，心腸慈悲又真誠，其他人可能會佔我便宜。我不想當濫好人。」

我通常會回覆：「如果你允許別人佔便宜，他們才能佔你便宜。你有能力設定界限，保住自己的立場。你可以的。你做得到。」

別人對待我們的方式，其實來自我們的教導。而且，在人際關係中，我們大多會得到勉強可以接受的，而接受什麼，就收到什麼。

你要熟悉一個微妙的平衡：尊重他人，但保持堅定。有禮而勇敢。文明而坦誠。付出愛，但維持自尊。好嗎？

56

要知道依戀並不是愛

依戀與愛有很大的差異。

依戀表示依賴、黏人，且滿心恐懼。這種狀態源自於尚未癒合的巨大傷口及童年傷痛；這就是為什麼我們一定要補救造成傷害的舊傷口，才不會將隱藏的痛苦轉嫁給那些沒有傷害過你的人。依戀表示沒有安全感，以自我為中心。會讓我們在人際關係中做出傷害自己的事情。例如被虐待你的伴侶吸引，在有毒的結合中逗留，覺得找不到比身邊這個造成憂慮的傢伙更好的人。

愛則完全不一樣。愛是寬容堅定，有慈悲心，懂得感恩。我們會在愛的臨在中提升，並相信自己的獨特。如果沒有愛，不如獨自一人。我知道你同意我的話。

57

多多擁抱

看到這個建議，我猜你可能會翻個白眼。但我一定要分享。因為，如果你真的照著做，你會覺得很快樂。

第一個步驟：如果你很幸運，母親還在世，而且就在身邊，放下你正在做的事（我會等你回來），去抱抱你的媽媽！有一天，這可能會變成一個奢望（當然，爸爸也一樣）。

你知道嗎？抱抱別人，會讓身體釋放多巴胺、血清素和催產素。這些荷爾蒙能降低血壓、減少焦慮、讓你更正向。酷吧？

一項涵蓋了四百多名成人的研究發現，擁抱的習慣減少了生病的時間；另一項研究則發現擁抱能促進心臟健康。受人尊崇的美國醫生狄恩．歐尼斯（Dean Ornish）發現，經常覺得消沉、寂寞和孤立的人生病及早逝的機率是其他人的三倍。

所以，多擁抱其他人。你的家人會感到你的愛，我們的社會也會因你變得更好。

58

成為人類建造者

我用過電動步道，搭過交通接駁車，這一類的東西叫作people mover，直譯是「人類移動者」。我總覺得這個說法很奇怪，不確定為什麼。

但更讓我起共鳴的用法則是people builder，直譯是「人類建造者」。我們都應該立志成為「人類建造者」。

在家裡、在工作上、在我們稱之為家園的那些社群裡的街道上，這都應該是我們的一個主要目標。

誠心寫下這段文字時，我正閉關在倫敦的飯店房間裡。在這兒遠離了充實（有時很令人疲憊）人生的喧囂，因為平日總忙著養家活口、實現身為藝術家的道德抱負，並盡我所能為最多的人服務，直到我最終成為一堆冒煙的灰燼——我在加拿大東部風景秀麗的布雷頓角島（Cape Breton Island）長大，希望家人最終能把我的骨灰從那兒的海岸撒進海裡。

身為英雄，就要讓那些沒有意識到自身驚人才能的人發現自己的長處。真的、真的、真的很願意讓生命中的那些人變得更大、更好、更勇敢，地球也因此更美好。這也為你的靈魂提供絕佳的燃料。所以，努力精進吧。你可以的。

59

創造完美的時刻

尤金·歐凱利（Eugene O'Kelly）什麼都有了。他是全球最大會計師事務所KPMG的執行長，名下有數千名員工，是這一行的大師，握有權力、聲望及富裕。

有一天，很普通的一天，他去看醫生，拿到例行體檢的報告。醫生臉上出現大家都不希望看到的表情。

歐凱利聽到了令人發愁的消息，他的腦部出現腫瘤，無法用手術處理。只剩下九十天的壽命。

這位執行長並沒有抱怨和哀嘆新的現實，而是做了戲劇性的決定：他要用生命的最後三個月追求真正的成功，就像他當初打造出他領導的全球企業一樣。

他要活得充實，活得有意義。他要修復之前破裂的關係，對常常忽視的家人做出彌補。他發覺自己從來沒跟朋友一起散步，也沒放慢腳步品味生活中常常沒注意到、卻最有價值的迷人之處。

這位領袖發覺，成為菁英商業大老後，這麼多年來他從未帶妻子出門吃午餐。反省後，他察覺他錯過了很多女兒的特別活動，包括耶誕節的音樂會、社交活動及運動比賽。

因此，他決定要成為他所謂的「完美時刻創造者」。

一度燦爛的人生只剩下那麼一點點日子，他要主動、巧妙、有策略地與他愛的人創造純粹、神奇而特別的回憶。即使只是做一些最簡單的事。

那次看過醫生後過了幾個月，尤金·歐凱利去世了。妻子在他過世後出版了他的回憶錄《追逐日光》（*Chasing Daylight*），給我很深刻的影響。也影響了我很多很多年。

這本書激勵我為家庭的體驗安排時間，為我最愛的人帶來喜悅，不要拖延；我會提早一年安排全家人一起度假，敲定這些活動的時間，再去安排其他的事情。也不要把愛扣留在心中，等著未來有更好的時機才分享。我輔導過的名人不知道有多少人告訴我，他們非常後悔沒有在心愛的人過世前說出自己對他們的愛。不要讓自己碰到這種事。

歐凱利的好榜樣敦促我帶家人去模里西斯與海豚共游，帶小孩去巴黎品嚐鬆脆的巧克力可頌（我們搭了整夜的火車穿越英吉利海峽），向義大利主廚學習如何製作美味的番茄醬手工圓麵（柯比及比安卡都很喜歡），在夏日白天很長的時候不帶手機出海航行，所以我可以全心享受與我最關心的人在一起。

想想看，為了等待理想的時機，可能沒那麼忙、比較安靜、不知為何感覺比較完美的時刻，我們有那麼多話還沒說，那麼多事還沒做，那麼多善意還沒付出。

可是，時間不等人。開始為你愛的人創造完美的時刻。就從今天開始。

60

希求回報的禮物不是禮物

要鍛造更有深度的人際關係，讓生命更充實、精采且自由，記著這個規則：給別人禮物時，若期待回報，那就不是禮物——而是交易。

有一天晚上，我跟幾個朋友在餐廳裡享受美味的餐點。隔壁桌坐了一群遊客。

他們看起來像一大家子，溫暖而和善，一起說說笑笑。我瞄了一下，發現要點食物和酒的時候，坐在主位的男士似乎無法決定。便看了看我們桌上的東西。然後，他開始點菜了，基本上和我們差不多。

酒瓶送來時，他看看我，溫和一笑，說：「你們好像知道該怎麼點菜，所以我學你們。」

我對他咧嘴一笑。我立刻對他很有好感，展開一場極其美妙的對話，從他對自己在紐約市擔任行銷主管的想法，到本地的美味食物、家人帶來的喜悅，以及現代藝術給人的靈感。

過了一會兒，我請服務生幫我做一件特別的事：送瓶和我們一樣的酒給我的新朋友。是這樣的，他點了同一種酒，但我們選了不同的年份——那年的葡萄非常優秀。

禮物送過去時，他大吃一驚。我看得出來，他一時不知該說什麼。「哇，太感謝了。」他柔聲說。我說那是我的榮幸，他很感動。他們全家人也開始鼓掌。對，他們其實在為我們的表現喝采。

而我想說的重點是：禮物送出去的時候我們並不期待回報。送禮時期待報酬，就不是禮物，而是交換。

還有，別忘了：慷慨不光讓收受者覺得快樂。你自己也會沉浸在無限的喜悅中。雙方都獲益。

61

他人的惡行與你無關

如果有人讓你失望，或傷害你，那是他們的錯。不是你的錯。

失去信譽和自我肯定，對自己的愛降級，都是他們領受的結果。你知道嗎？如果某人以不正確的方式對待他人，就是不尊重自己。在潛意識的層面，他們的惡行導致自己愈來愈羞愧，更感到自己沒有價值，逐漸解除與高我的連結。

你沒有做錯事，為什麼要責怪自己？你活得坦蕩，堅持自己的價值觀，待人和善。你會得到善緣，內在的平靜就是你的報酬。

做錯事的人隨他們去吧。讓他們走他們該走的路。如果你讓他們毀了你的日常，汙染你的平靜，他們就獲勝了。

62

多聽少說

大人都是退化的孩子。還是小孩的時候，你充滿好奇心，也活在當下。因此，（在大多數情況下）你聆聽的能力出人意表。

社群媒體把我們訓練成一種廣播者，而不是接收者。在數位裝置上，我們不斷公開自己在做什麼、分享自己最新的模樣，及表達心裡的想法。我、我、我。

結果呢？在真實的人類互動中，我們也做同樣的事。說的比聽的多。焦點還是我、我、我。多無聊啊！可能也有些無禮。

寫今天的訊息時，我人在羅馬，這座城市會讓我的心靈歌唱。十二月，永恆之城的天氣已經冷了——至少有一點冷。

我在床上工作。房間裡放著鄉村音樂。這首歌是49溫徹斯特（49 Winchester）的〈第二次機會〉（Second Chance）。氣氛感覺很好。如果你能在這裡跟我喝一杯濃縮咖啡，會覺得很開心。

我在重讀一本我一直很喜歡的書：《最後14堂星期二的課》（*Tuesdays with Morrie*）。讀到墨瑞的正派、誠信及超群的善良，我有點難過他已經不在了。

我向上天祈禱，能有他一點點好就夠了。

有一段說到墨瑞非常善於聆聽——在得到可怕的漸凍症前，他在大學教書，是社會學教授，熱愛跳舞。

讀到這裡，我停了下來。並思考這個好習慣的力量。

聆聽另一個人說的話。全心傾聽。完全地。實在地。真誠地。

我們住在一個人類無法好好靜坐的世界裡。一直做事情。不斷達成目標。無法停止說話。

然而，從靈魂深處聆聽另一個人說話，就是祝福他們，我也敢說你做出一種神聖的行為。我們的年代充斥著不必要的漠不關心，要讓別人看到你的關懷，看重他們的臨在，確認他們的重要性，都是恩典的訓練。

老派的看法很值得分享：如果要說的話是要聽的兩倍，那我們應該有兩張嘴和一隻耳朵。對吧？

幾個簡短的規則教你培養聆聽的超能力，處理好最重要的人際關係：

……不要打斷別人說話。也不要接他們的話。他們正在努力把話說完。

……要知道，問問題的人就是讓對話更有內容的人。

……相信聆聽的人能得到學習，所以多聽別人說。

……別人說完以後，暫停幾秒，消化他們說出來的話語。太多人在其他人說話時，已經在演練答案。很不好。你可以做得更好。

……家人或朋友坐在面前時，絕對、絕對、絕對不要看手機或接電話，因為那是一件非常沒禮貌的事。

頂級的溝通者都有很強的聆聽能力。傾聽是一種少見的美德，能讓家人、朋友、同事或甚至陌生人感受到你的重視、欣賞和讚揚。

抱歉，我得在這裡打住，現在要走一大段路去納沃納廣場，然後花三個小時和我的朋友盧依吉吃午餐，他真的很有洞察力，人很有趣，也富有同情心。我非常喜歡他，絕不能遲到。

63

記住整個世界都是你的家人

保持理智是很有智慧的做法，能讓你的生命維持在最豐富的模樣。

在我們這個星系裡，你知不知道，還有另外十億個很像地球的岩石行星？每顆行星都繞著一個太陽運行——和地球一樣。

我想說什麼？很簡單。地球很小。地球上的每一個生物，有不同的國家、文化、信條和膚色，都在這顆神奇的球體上一起在太空中航行。

地球上的人都是兄弟姐妹。屬於一個叫作人的部落，一個叫作人類的家庭。小時候，我們不會因為其他人和我們不一樣而批判、抗拒及譴責他們。不會，去遊樂場的時候，跟剛認識的小孩很容易玩在一起，十分鐘後就會向爸媽介紹最新的好朋友。

財富第三種形式的訊息來到尾聲，我究竟想說什麼？我們被制定成要討厭、被訓練成不信任、被教導去恨。或許，今天就是你該卸下一點防備的日子。好讓更多的愛進入你。因為在地球上，我們的世界真的就是你的家人。

財富的第四種形式

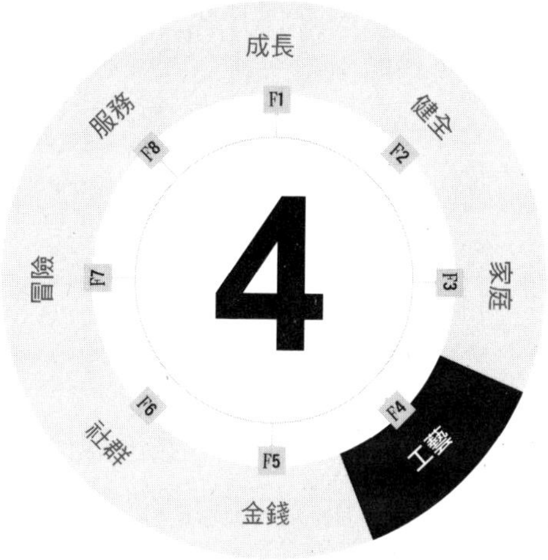

工藝

讓你的工作富含寓意

人類靈魂有許多最深刻的渴望，其中一項是創造。

——迪特．鄔希鐸（Dieter F. Uchtdorf）

財富的第四種形式

工藝｜概覽

在人類最渴望的事物中，有一項是需要意義。工作過度可能導致健康出現問題、伴侶關係失和以及消滅生命力，讓我們與天生的創造力、積極性及個人自由的感受失去必要的連結。然而，為了善用天分，為其他人類提供深厚的價值，在我們做的工作與對工作的投入間運用技巧取得明智的平衡，便是發揮勇氣和智慧，有意義地打造能誠實稱之為富裕的生活。

把工作看成工作的時候，就只是一份工作。忽略了精進的機會，受雇只會變成苦難。察覺到所有的工作都很重要，所有的勞力都值得尊敬，把你維生的方式看成你的工藝，能讓你發掘隱藏的個人強項及未好好發揮的天賦，你的生命就會湧入大量的快樂、能量及目的。在這個時代，有太多好人忍受不了自己的職業，我真心希望你能看到以上的道理。

大多數人把工作視為犯人的枷鎖，而不是禮物和祝福。你的職業誠然提供賺取收入的機會，讓你養家活口，有可能實現與生俱來的潛能，也給你展望，將令人驚嘆的計畫推入戰場，並呼喚你為社群做出貢獻。

對，你的工作是價值無限的貨幣，也是耀眼的財富形式，至高的智慧要求你更看重你的工作。讓我們一起來探索驚人的力量，把工作轉為工藝，把勞力轉為藝術。

64

鄉間教堂裡的好修女

昨天，我出去散步。你知道我很愛散步。

經過了橄欖園和平靜的馬匹，葡萄園裡的藤蔓枝葉在風中搖曳。經過一隻驢子，牠瞪著我看了半天。

這本書的草稿已經寫了一大半，除了農舍裡平日寫作的書房，我想找一個不一樣的地方來寫作。所以我租了一個簡單的房間，就在修道院附近的村子裡。

走過那條蜿蜒的古老小路，陷入了沉思，也看到路邊一座石造的小教堂。說實話，相當奇特。如果你跟我走在一起，應該會有同感。

教堂的門開著，彷彿在歡迎我；我就進去了。

前面坐著一名修女，彈奏著古典管風琴。她的歌聲真誠堅定，讓人想用壯麗來形容。在現今這個疲憊不堪、兩極化、混亂的時代，太少見到如此的純淨。

重點是：石造小教堂內完全是空的。沒有其他人。然而，她的歌聲悠揚，彷彿在坐了數千人的體育場中歌唱。

身為唯一的聽眾，我找了個位置坐下，就在那位聖潔的修女附近。閉上眼睛，聆聽她令人著迷的歌聲。動也不動，沉浸其中。

我流下了眼淚。一點點淚水而已。我感覺活著。有一些激動。甚至有些受寵若驚。「為什麼？」你感到不解。

因為那個時刻。還有那個場景的優美——她衷心展現了某樣打動我的東西：虔誠。

作為誠心支持你的遠端導師，我想建議你，為了讓創造力達到下一個階段，提升你作為工匠的高度，以便推高第四種形式的財富，你……

……要忠誠守住你的希望、理想及強大的任務。

……要堅持一貫和精進，只投入在好的事物上。

……要努力維持潔淨的品格及豐富的心靈。

……要投入優勝者得勝的習慣，日日體現卓越。

……要努力增加與他人的連結，讓他們在你面前更有存在感。

……在你維生的方式中，盡全力做到好上加好。

……努力讓地球變得比你來到時更好。

65

放下邏輯，看見魔法

所以，讓我有點苦惱（但不是那麼嚴重）的是，人們太過於沉浸在自己的思緒裡，因此無法感知自己的內心。如果你無法體驗奇蹟給你的感受，又怎能將奇蹟推進世界？要增長財富的第四種形式エ藝，不能缺少奇蹟。真的、真的很重要。

或許你不懂我在說什麼，讓我再解釋一次。

《伊尼舍林的女妖》（The Banshees of Inisherin）是我很喜歡的一部電影，因為好好笑，而且危險又出色。從頭到尾充滿了魔法。

電影裡的主角再也不想當頭號好友的頭號好友。他最好的朋友不肯放手。因此，每次這位前頭號好友來訪時，主角為了讓他放棄友誼，就切掉自己的一根指頭。是不是真的很搞笑？

我讀到一篇影評說：「我看不下去，因為整件事實在難以置信。」真的嗎？從什麼時候起，電影的創造力與可信度有關？

在這個過於嚴肅、講究科學和數學的時代，如孩童般的玩鬧、耍瘋和奇妙的感覺去哪裡了？

寫這一章的時候，《藝術戰爭》（*The War of Art*）才華橫溢的作者史蒂芬．帕斯費爾德（Steven Pressfield）的話從我的潛意識裡冒出來，懇求你不要緊抓著受限的創意現實：

> 小孩可以毫不費力地相信難以置信的事情，天才和瘋子也一樣。只有你和我，腦子太大心靈太小，總是懷疑、過度思考、猶豫不決。

你能創造魔法，與生俱來的偉大有如巨人，給你報酬、期待你並挑戰你將極為特殊的計畫推入我們倦怠、憤世嫉俗並看重邏輯到不切實際的文化中。找回你的膽量。放開現狀套住你的韁繩，因為現狀已經為你植入一套哲學，哪些有可能、值得讚美、有必要。找回夢想。多面對失敗。大膽冒險。弄得遍體鱗傷。變得更強，更有英雄氣概，然後再站起來，繼續努力。你的工藝能否成功，就看你願不願意了。

66

格言：你不是運氣好，是你懂得創造運氣

某次簽書會時，一名親愛的讀者送我筆記本，正好拿來寫這一段訊息，動筆前，我在杜拜接受維珍廣播電台（Virgin Radio）的訪問。主持人非常優秀，他對我很和善，問我說：「羅賓，每件事都是運氣嗎？還是我們做的事促成了運氣？」

「對。」那是我的答案。就一個「對」。

意思是，兩者皆是。我確實非常相信絕對的個人責任。我們必須盡早興起，成為最強大、最勇敢的自己，信守做出的承諾。工作時需要努力工作（太多人在工作時只是裝努力，還期待最佳評等：不可能的），為信任我們的人傳遞優秀的價值，給家人鼓勵，挪出時間給健康的娛樂，盡我們的責任帶來正面的影響。這些都是世俗間勝利的關鍵。

做好事的人會碰到好事。尤其是那些真的很在意自己的工作而全心投入、並致力做出改變的人；即使周圍的每個人都像逃入數位世界的網路殭屍，無法留在此時此刻。親愛的朋友，

你看，我們不是運氣好，我們創造運氣。你的生活會變成什麼樣，完全取決於你！

話雖如此，我也相信命運。我覺得有一組看不見的手在引導我們的旅程，支配著共時性的情況，在逆境中給我們保護。那只是我的信念，你可能不相信，對我來說沒有關係。

我的感覺是，天助自助者。我只想提醒你，以愛和尊重為出發點，盡你所能，然後讓生命成就剩餘的部分。

萬一有什麼不成功（例如失去工作或結束戀愛關係），不要落入自欺欺人的陷阱。不要抱怨、責怪和找藉口。相反地，認真、努力查驗在你損失中扮演的角色。改進需要改進的，以免重蹈覆轍。那就是絕對的個人責任。也是高效、誠實、富裕的人應具備的特質。

你並不想一直在愛情關係中跌跌撞撞，然後說：「為什麼世界上沒有一個優秀的人適合我？」

強化了絕對個人責任的重要性以後，你可以站在鏡子前看著自己，負起你在那樣的成果中該負的責任，然後放手。並相信，如果為了最高利益，你注定要去到你希望自己能去的地方，然後你就到了那個地方，你懂我的意思吧？而且，如果你不在你想去的地方，說不定會得到更好的結局。

鍛鍊你固有的智慧，體認到把失敗看成失敗時，也就只是失敗。每一次所謂的失敗都帶著神祕的好運，在呼求你的注意。

我的成長幾乎都來自最悲慘的體驗。在承受的過程中，我希望這些體驗趕快結束。現在，時間過去了，我看到這些體驗對我的益處。幫我消除自我，提升我的智慧，與我的天賦緊密相連，能敞開心扉接受更廣闊的愛。我鼓勵你不要浪費困難的時刻。盡量留在困難中，雖然聽起來很奇怪，但你能從中得到無價的成長。

事後回想，我真的很感恩我沒有得到所有我想要的東西，因為生命的走向最後來到更明亮燦爛的地方。對你來說也是一樣。

67

開始列出再也不做的事

大多數人會列出待辦事項。年輕時我是一名訴訟律師，我的生活就是按著待辦事項走。每件事都寫下來，我以軍事級的精確度按著清單生活。一點都不好玩。但我確實做了很多事。

我們之間許多人列出的待辦事項包括工作的承諾、小組會議時間、應付帳單、超市採購品項及社交活動。

沒問題。其實挺不錯的。如果覺得不錯，繼續用吧。但是，我想告訴你我現在的做法改了，我覺得對我來說很不錯：列出再也不做的事。出色而甜美的生活（及事業）其實與你努力去做的事沒有太大的關係，重點是你選擇停止做哪些事。

你可能決定了：

……再也不拿你真實的人生與網路上製造的虛假生活（加了濾鏡跟其他一大堆東西）比較。

……再也不買那麼多你其實不需要的東西，在這個時代，網紅鼓勵你去高價餐廳用餐、購買奢侈衣物及搭飛機去超出個人財力的度假地點，而你明白節儉才是超級聰明的做法。

……不因執著於受人喜愛而接受所有來到面前的社交邀約。

……不要因為不真實的問題而感到壓力，以及擔憂可能永遠不會發生的事情。「記住，今天就是你昨天擔憂的明天。」戴爾・卡內基說。

……別再抱怨你正在處理的任務有多難，開始做就對了（傑作都是一次一小步完成的；記得前面提過的吉薩大金字塔嗎？）。

……對於應該拒絕的商業機會，別再答應下來。

……一天中最重要的時間不要分心去做沒有深度的事，或耗費在數位裝置上。

……在工作上做的每件事，都不要敷衍了事。

……停止隨波逐流，在自己的領域裡帶頭。

……該創造的時候，停止滑手機，該生產的時候，停止閒聊。

你只有這輩子可以活。你的快樂、健康、成就及財富都看你是否善用你的日子。因此，別再只是注意你需要做哪些事，而是更清晰、更專注去感受要從你的時間裡抽出哪些成果。精湛的技藝重點在於對簡單的追求，而不是誘人的複雜度。在某些時刻，有意義、有成就感的人生主要看你從中得到什麼，而不是你付出了什麼。

68

避開「沒有人會注意到」的謊言

史蒂夫·賈伯斯心目中真正的英雄是他的養父，一位十分傑出的工匠，利用空閒時間精心打造每一個細節，製作出形式完美的家具。小時候，賈伯斯會看著養父極其精準地測量木材，近乎著魔地對齊每個角，一心一意以世界級的工藝做好他的成品。

有一天，父親要他去粉刷屋子外的圍籬，他照做了。幾個小時後，父親來找他。「史蒂夫，你漆了圍籬嗎？」

「爸，弄好了，你看。」年輕的賈伯斯指著外面的圍籬。父親仔細檢查了他的工作，然後觀察到，「史蒂夫，外面漆得很好，但是圍籬的裡面沒漆。」

史蒂夫回他：「可是，沒有人會注意到圍籬的裡面。」

父親微微一笑，等了一秒，然後說：「可是兒子啊，我們看得到。」

多年後，賈伯斯跟他的設計團隊研發第一代的蘋果麥金塔電腦。他給團隊的指示是什麼？電腦的外面要很漂亮。看起來很特別、很奇妙、很吸引人。但他宣布，真正的任務是讓機器的內部成為藝術作品。

團隊的成員覺得很有趣，「可是，史蒂夫，沒有人會看到電腦裡面是什麼樣子。」當然，賈伯斯等了一秒，然後說：「可是我們看得到。」

你看，無論做什麼工作，最勇敢、最有智慧的你會看到所有的東西，真的是所有的東西。每次做了一些明知不尊重自己天分的事情，因此背叛了自己的偉大，有一小部分的你就會死去，有一部分的你失去自尊。你的熱情、樂觀和希望也有一點就這麼不見了。平庸的行動導致你的承諾落空，而無法表現出來的潛力變成痛苦。

所以，你不把自己的天賦當一回事，或小看你個人的魔法，別忘了，有一個人一直在看著你。那個人永遠都是你的高我。

69

帶保全去工作

前一陣子聽了一集podcast，作家尼爾．史特勞斯（Neil Strauss）為了確保能完成重大計畫的做法很怪，但也很有創意。他雇了一名保全站在他家外面，不論發生什麼事都不准他離開房子，直到把書寫完為止。

你可以一直享樂，或你可以實現個人的潛能。兩者似乎無法兼得，對不對？

就像史特勞斯一樣，你一定要發展策略及方案，強迫自己完成你知道一定要完成的工作，以便在你的領域中帶頭，並讓世界變得更友善，因為你為世界貢獻了你的技藝功力。

或許，你不用雇用保全。但你真的應該做一件驚天動地的事，以完成你最看重的計畫。

趕在成就的契機消失之前。

70

使用大師演算法

如果你坐在我面前，要我總結一個簡單的公式，解釋最偉大的執行長、億萬富翁、專業運動員及領導團隊為何能夠偉大，我想說：

$$\frac{\text{成長} \times \text{練習} \times \text{老師} \times \text{來往對象}}{\text{恢復力} + \text{長壽}} = \text{精湛的技藝}$$

對，那就是我會畫在餐巾紙上給你看的公式。

「成長」指你必須研究和完善你的工藝，超越你的領域中表現平庸的人，因此能敏銳洞察，只做最優秀的人會做的事。

等式中的「練習」顯而易見，就是花時間受訓，累積你需要的哩程，讓與生俱來的天資轉化成外顯的才幹。

「老師」意味著確定找到良師，幫你穩健改進你要著重的技能，免得浪費多年的時間做不適合的事情。

「來往對象」則指你打交道的人。你來往的對象應該會盡力在自己的領域裡做到最好，他們的能量、精進、膽識與敬業會感染你。

公式裡的分母有兩個很重要的詞，希望你好好思索。「恢復力」這種特質能把失敗轉為燃料，把絆腳石變成墊腳石。大多數執行者會很快放棄，因此他們的願景即使能激勵人心，卻毫無牽引力。幸運偏愛不懈怠的人；務必記住這一點。

而「長壽」是個基本而重要的概念，能在遊戲裡停留夠長的時間，達成世人認定的合理、負責且理性的壽命長度，便有機會得到異乎尋常的成功。要變成世界最讚，你必須活得比同齡人更久。要變成傳奇人物，關鍵便是在你的領域中延長你的壽限。

在這段訊息中，我最後要強調你必須相信在最出乎意料的時刻聽見的輕言細語，指示你去追求你必須追求的事業，來發掘照亮你的力量有多高。就是這項計畫，若能專心致志、仔細謹慎、勇氣十足地達成，也會為世界帶來光亮。

偉大的哲學家愛默生說：「人應該學會發現及細看心靈深處閃過的光芒，而不是詩人和聖人的蒼穹呈現的光澤。但是，我們沒注意到自己的思緒便予以斥退，因為那是自己的想法。在每一項天才的作品中，我們都能看到自己被拒絕的思維：帶著某種疏遠的威嚴回到我們身邊。」

現在，花五分鐘的時間思考這幾句話。你的直覺不同凡響，你的洞察力很強。別管你的仇敵，忽視批評你的人。精進你的技藝，把你的工作當成一項工藝，這是財富的第四種形式，你一定會體驗到喜悅和滿足，以及一般人不常提起的寶藏。

71

學習是你的超能力

封閉的心靈永遠不會提升世界。績效傑出的人如果在自己的專業領域停止持續成長、改進和進化，很容易在不知不覺中走向衰落（直到來不及挽救）。這就讓我們看到學習是達成使命極其重要的力量。

教育的接種可以對抗破壞。學得最多的創造生產者便是贏家。

多年來，我教給我那些億萬富翁、執行長和行動領袖客戶的主要原則叫作2x3x思維模式。在你想成為佼佼者的領域裡，這個原則會幫你升級你的優勢。為了讓你的收入及影響力加倍，在個人的精湛技藝及專業能力這兩個核心領域投入三倍的投資。

限制性的信念說，天才是神聖的禮物，而非每天練習而成，有太多好人因此受苦。莫札特花了十年的時間專心訓練，努力不懈，他的精湛技藝才顯露出最初的徵兆。受人尊敬的靈長類動物科學家珍・古德（Jane Goodall）研究黑猩猩數十年，才能表現出她的優異。愛因斯坦曾在郵局工作，多年來默默無聞，最後發表了廣義相對論，顛覆物理學的世界。歐納西斯（Aristotle Onassis）搭乘遠洋客輪從希臘出發，口袋裡只有六十美元，經歷一段危險莫測的旅程，抵達布宜諾斯艾利斯，然後踏上漫長的旅途，建造他的企業，累積實業能力，成為當時最富有的企業家。

這些人一開始都默默無聞，學習勝利所需的學問，在精進技藝的道路上一刻也不停。他們的得勝公式聽起來很簡單，就是願意透過自學變得更好。

你一定要明白，如果你認為「我無法成為我這個領域的一股力量」或「超級巨星組成的星塵跟我的不一樣」或「最優秀的人擁有我就是沒有的少見才能」，卻不知道工藝中的天才產自專注、學習、訓練、指導、執行、堅持及時間流逝組成的神奇煉金術，那些有缺陷的思維最終會連接到限制性的潛意識信念。也就是說，在心理學上你一直告訴自己：「我很平庸，所以我必須表現得很普通」，那就會顯化為你的實境。因為你日常的行為一定會反映你最深層的信念。

限制性思維一定會創造出有缺陷的程式，寫出的故事進而變成你的自我認同；接著決定你每天以什麼樣的樣貌出現。對，你的思維就是會自我實現的預言。你對自己的潛能不論有什麼信念，都會成真。

知名心理學家卡蘿・德威克（Carol Dweck）透過精密的研究發現，世界級的執行者擁有「成長型思維」，而不是固定型。換句話說，看見機會時，即使他們沒有那樣的技能，他們也會想到可以去學。如果想精通某個主題，他們會深入練習，專心致志，讓自己得到這種能力。

選擇透過成長型思維來運作的人有能力掌控人生，堅信每一個人都有日日進步的力量。學到必須學的東西，採取必要的行動來改善，而不是等待天時地利人和。

學習、學習、學習，還有讀書、讀書、讀書！就我所知，什麼樣的投資都比不上一本好書能帶給你的高報酬率。花買一本書的錢，就能探知有史以來最偉大的人在想什麼。你可以發掘他們的哲學、採納他們日常的習慣、了解他們如何親手製作出最偉大的作品、發現他們如何克服逆境，因著他們的道路而備受激勵。

受害者說要表現得優秀實在太難，便在他們的大電視機前浪費寶貴的時間。要得到精湛技藝，超級巨星也需要學習，付出努力、耐心及奉獻；並花很長的時間建造出巨大的書庫。

華倫．巴菲特的商業夥伴兼傳奇投資者查理．蒙格（Charlie Munger）說：「在我一生中，我所認識的聰明人沒有一個不是一直在看書——一個也沒有。」說得很好，對吧？

72

培養對書籍的渴望

不好意思，我仍要繼續鼓勵你多讀一點書。因為我要你用書籍填滿頭腦、心靈與住所。生命中最美好的一件事就是被智慧圍繞——一疊疊的文字（對，我還是喜歡紙本書）。至少我這麼以為，我覺得你應該有同感。

下面簡單列幾個（終你一生）每天至少閱讀一小時的理由：

第一個理由：在線上演算法饋送資訊及媒體充滿偏見的時代，閱讀讓你踏出革命性的一步，能獨立思考。消化許多作者的不同意見，針對重要的題目，你可以歸納出自己的結論；免得自己只聽得到同溫層的聲音。

第二個理由：在輕淺的文化中，閱讀幫你深入思考。再也不要透過只有一行字的訊息或十秒的短影片取得零碎的資訊；沉浸在書本中（尤其是讀起來有些難度的），打造出的肌肉會讓你成為重量級的思想家。這種能力進而帶來龐大的競爭優勢，讓你成為擁有心理韌性的少數人，可以解決困難的問題。

第三個理由：現代人大多都有無法集中注意力的弱點，但在這樣的環境裡，閱讀卻能幫你延長專注的時間。天才都擁有極高的專注力，因此很容易進入心流狀態並持續數個小時，在其中接觸近乎神奇的想法，最終讓自己成為傳奇。

第四個理由：閱讀會提升你的知識庫，幫你將更多的魔法推入市場。向聖賢汲取智慧，並加以利用，洞察力成長後，也會降低犯錯的機會。這意味著浪費的時間變少、個人的痛苦降低，也會少了很多困難。

第五個理由：閱讀會提升你的靈感。如果你的靈感之泉空空如也，就無法激勵你的追隨者、顧客和產業。要保持樂觀和熱情，滿溢著充滿感染力的正能量，一個絕佳的方法是閱讀英雄事蹟的作品。讀冒險家的傳記，他們攀登了世界的最高峰，探索荒涼的沙漠。讀發明家的自傳，他們克服了困難；也可以選擇超越常規限制的企業家。與歷史上偉大的男性和女性建立聯繫，閱讀他們的生平及寫過的書籍，看他們如何解放被奴役的國家，發起全球運動，展現最美好的人性。

我可以列出更多理由，解釋我為什麼要你閱讀一切可以接觸到的書籍，翻閱書頁，而不是觀看有趣的影片；看完影片，只會讓你智力上更空虛，精神上更貧乏。

我再說一次，因為我真的很在意你的揚升：每天都要讀書！每天都要讀書！每天都要讀書！

73

實踐大師級初學者的法則

在我凌亂的書房裡坐下來寫這段輔導訊息前，我帶著超級好友去森林裡走一條新的小路。沒想到一頭母白尾鹿從樹叢間跳出來，擋住了我的去路。洋溢魔法的情景！難道是什麼徵兆？

總之，閒聊到這裡就好。立刻進入今天我要分享的功課吧，讓你的積極性、生產力、領導力及給社會的服務一起飛升。

功課如下：大師的特別之處在於他們總從初學者的觀點來思考。

這句真言很棒，值得細細思索、寫下及用心運用。

太多超級生產者及頂級執行者達到巔峰後，開始以為自己無所不知，戰無不克，永遠不會從高位上掉下來。這種心態，當然就是結束的開始。因為，精進少了謙遜，會醞釀出平庸。

柯比·布萊恩在力量和實力都來到巔峰時，習慣在黎明時分去健身房鍛鍊。沒有藉口。沒有埋怨。沒有因為他是超級巨星，可以愛怎樣就怎樣，所以有理由略過訓練。

儘管身為大師，他仍表現得像個初學者，渴望學習，執著於改進，熱愛成長。

在《救贖之隊》（The Redeem Team）這部很吸引人的紀錄片裡，美國隊的一名籃球運動員講述他和隊友們在夜店徹夜狂歡，在外國的城市裡盡情玩樂。

然後他回想起進入飯店大廳時，看到柯比穿著運動服，手上的袋子裝了舉重手套。清晨的健身結束，汗珠滾下了他的面龐，他瞪著他們。目光凌厲。

那是凌晨四點（我想《清晨五點俱樂部》對他來說算晚了）。

柯比那天做出的榜樣影響了整支隊伍。他的承諾非常有感染力。

之後的幾天，大家都在談論那天早上看到的情景，談論著柯比．布萊恩的投入、對比賽的熱愛及對奪得奧運金牌的強烈渴望。

結果呢？

還沒到週末，整個隊伍都被他的忠於職守所懾服。天才剛亮，大家都到了健身房，做該做的鍛鍊，以達成他們想要的目標（也達成了）。

本著愛與尊重，我想告訴大家……

……你一覺得自己的地位很牢固的時候，你就開始衰退了。

……開始覺得自己的成功是理所當然，就該把注意力重新放回反覆精進你的工藝、提升技能、達到最好的表現，能讓自己更上一層樓。

……一旦你放棄早起，不再努力練習，不再投入學習，不再努力奮鬥，不再盡一切努力去打動所有的見證人（並兌現你這一生的承諾），那你就會踏上無關緊要的道路，開始走向衰落。

幾年前，我受邀去領導力會議發表演講，奇異公司知名的商業巨頭傑克・威爾許（Jack Welch）也在講者之列。耐人尋味的是，他沒有整天待在休息室裡，與名人打交道，或在貴賓室裡邊喝香檳邊與網紅聊天。沒有——完全沒有。

從頭到尾，他都坐在最前排，認真聆聽我和其他講者發表的內容和做筆記。他明白，一把自己看成專家，就覺得什麼都聽過了，然後封閉自己不去學習新的想法（及發展更高層的技能）。這就讓人落入自認無所不知的死亡螺旋。

他的行為讓我們看到謙遜會讓人持續精進技能，最終孕育出不朽。這也是我懷著謙卑之心為你祈禱的目標。

74

製作你的X計畫

泰姬瑪哈陵。帕華洛帝的〈公主徹夜未眠〉(Nessun Dorma)。巴塞隆納的佩內德斯(Penedès)小鎮的高興餐廳(Cal Xim)提供的餐點。波提切利(Sandro Botticelli)繪製的《維納斯的誕生》(The Birth of Venus)。美國電影演員海蒂．拉瑪(Hedy Lamarr)發明的祕密通訊系統。尼古拉．特斯拉(Nikola Tesla)設計的交流電流。搖滾樂團皇后(Queen)的《波希米亞狂想曲》(Bohemian Rhapsody)。雅典的衛城和羅馬的競技場。

在日益平凡的時代，這些傑作證明了人類的聰明才智與專業知識，象徵著可能性及工藝的卓越(你上次在市場裡看到魔法，是什麼時候？)。

我記得帶母親去參觀佛羅倫斯的學院美術館(Galleria dell'Accademia)。走進主展間，看到米開朗基羅的《大衛》，她臉上的表情令我畢生難忘。母親被迷住了——被那項傑作的美麗、技藝和規模迷住。

我想說的是，你可以加入那些罕見而出眾的生產者，他們拒絕追逐每一個閃閃發光的機會，有紀律（和勇氣）把注意力放在單一的作品上，經過精煉、校準、拋光、雕琢到近乎完美（即使花了很長的時間才能完成這項傑作）以後，讓全世界的人都驚嘆不已。

每個人的內心都有一個代表作。一次偉大而壯麗的冒險，一想到就讓我們很興奮、著迷、深刻感受到我們的生命有多麼重要。

對，做你的X計畫。

你的艾菲爾鐵塔。你的《蒙娜麗莎》。你的相對論。你的盤尼西林。你的協和號。你的帝國大廈。你的《格爾尼卡》（Guernica，畢卡索的知名作品）。你的鐵達尼號（OK，或許最後一個例子不太恰當。但你應該懂我的意思）。

我覺得我們的友誼不斷穩定成長，朋友可以對彼此坦白。因此，我必須對你說：走到生命的盡頭時，讓你的輝煌凍結在你裡面，真的非常令人心碎。

要活出最富裕的人生，你一定要自省（現在就開始！），並開始探索那一項能為你這個人最佳的創造力、最高的生產力及純然的詩意立下紀念碑的事業（即使需要用一生的時間來完成）。不是一百項計畫。不是五十個。不是二十個。都不是。你的心一直在告訴你，你需要做哪一件事，才算真心崇敬內在的偉大？

等你想出來了，就開始做吧。立刻去做。

75

努力就是偉大的工作

你最抗拒的冒險就是你最需要動手做的事。

我們常會覺得，令人害怕的計畫就是要避開的計畫。不對。那才是要接下的計畫。因為不去面對的恐懼會變成阻礙，逃避的機會會奪走我們的天賦。

同樣地，記住最艱苦的工作最終卻是成就感最強的動力。很矛盾，對不對？然而，真相是，持續去做困難的事，你會與內心尚未開發的才華、堅強和善心愈來愈貼近。能認識到這些通常看不到的地方，會帶給你長久的喜悅。認識自己英勇的一面，會帶來無比的快樂。解決困難的問題時，成就感、意義及目的會常伴我們左右。所以，我才說勇敢追求（及推進）你的工藝，是一種財富的形式，也是生命中意想不到的富裕源頭。

現在，在某些圈子裡，努力工作冠上了惡名。當然，我們必須休息和復原，並享受勞動的果實。然而，全心投入你選擇的專業目標，會為你的日常帶來無窮的能量、自信、熱情和平靜。非常努力工作的習慣非常有成效。你的努力會讓你超越很多人——那些人說想要富裕的人生，卻什麼也不做。努力，也會讓你的生命非常非常特別。

76

初稿一定寫得不好

身為一名作家，我一直在改進我的技藝，而海明威說過一句很有幫助的話：「初稿就是爛，只有爛。」

好，我不愛說難聽的話，但我要正確引用他寫下的那句話。而我們一定要明白這句話背後的洞察力。

寫書的時候，我會急著寫完初稿。我不怎麼擔心拼字或寫作技巧，也不要求字詞的完美校準。相反地，我只想趕快寫下主要的想法。

這會讓我覺得寫好了一大半，即使才剛開始。心理上，我覺得繁重的工作結束了，其實不然。然而，在接下來的版本中，我會裁剪、重做、取代和打磨（一而再再而三，反覆又反覆）。

在《寫作課》（*Bird by Bird*）裡，作者安・拉莫特（Anne Lamott）說她哥哥很煩惱寫不出鳥類報告的作業，父親給哥哥的忠告是：只要「一隻鳥接著一隻鳥」。很好。

拉莫特也說，初稿一定寫得不好。記住這句話，快速產出你的X計畫初版。你會得到動力——感覺苦差事做得差不多了。然後，一頁接著一頁，一筆接著一筆，一隻鳥接著一隻鳥。希望你能了解我的意思。

改出新的一版後，增增減減。改進與反覆。持續且微小的改動，會讓你的作品從平凡移向出色。等你改出你能做到的最佳版本，便送出去給渴望看到你施展魔法的宇宙。

77

別再模仿你的英雄

「我不在乎他們偷走我的想法。我在乎的是他們沒有自己的想法。」改變世界的發明家尼古拉．特斯拉曾有這番陳述。順帶一提，以他的想法和創作而言，目前給他的讚譽實在不夠。因為他擅長思考，不擅長推動，所以其他不如他出色的人反而變得更顯眼。

總之，我希望你在放大創造力、升級生產力，及校準你的工藝以提升生命中第四種形式的財富時，能想一想非凡的原創性。

這裡有一句很重要的格言要刻進你的腦袋：*你可以模仿你的英雄，或你可以影響你的產業，但你永遠無法兩者兼得。*

模仿，通常是因為匱乏。他們覺得害怕，因為不認為自己有足夠的創意來成為贏家。所以決定走捷徑——竊取其他人的想法。或者他們脫離了位於自身核心的想像力及天分，忽略靈感女神提供的指引。

另一個關鍵概念：交付了*原創*的魔法，會得到市場的獎勵（先放下書，在你的筆記本裡把這句話抄幾次，加深你的理解）。

特斯拉和女神卡卡。達文西和賈伯斯。拳王阿里和喬丹。狄金生和愛因斯坦。他們都有一個共同點：把新鮮的價值帶入他們影響的領域。他們不隨波逐流、跟隨大眾的思想及被動地融入，而是站出來，把自己的工藝打造到極致，再與許多人分享他們的精湛技藝。

開始釋放原創性、創新能力及令人讚嘆的偉大發明到你的領域裡，你要明白並相信市場的回應，我的輔導方法論也提到精湛技藝的三大獎勵：

第一號獎勵：收入。為更多人提供激勵、喜悅與服務，你會得到更豐厚的薪酬；因為金錢是幫人解決問題和提供協助的副產品。

第二號獎勵：影響力。磨練以專注、智慧和執行能力來彰顯你的天賦，讓更多人欣賞你的專業技能，為你鼓掌。這會帶給你精湛技藝的第二項獎勵——力量，另外也有影響力的成果。

第三號獎勵：自由。對，在成為大師後一定會得到的第三項禮物便是自由，你的收入增長及影響力擴大時，自由也會流動。你可以隨心所欲做想做的事，選擇你的夥伴，安排自己的時間表。

我準備要結束這一章去煮晚餐的義大利麵了，我會用自家農場裡的新鮮羅勒及熟透的番茄，還有優質的橄欖油。說到這些食材，就讓我想跳到樹頂上大聲歌唱。那麼，我要你記住什麼重點？別再模仿你的英雄。今日在地球上，沒有一個人的創造、交付成果及運作方式和你一模一樣。與其努力變成僅次於崇拜對象的版本，聽我的建議，把你最美好的工作時間投資在變成最好的那個你。

78

友善待人

工作上的成功很簡單，因為現在沒有幾個人做的事情能讓自己在職場上成功。

成功的要素是熟練執行基本的原則。懂得基本要素的人很少，比方說做工作時要有榮譽感、關懷他人及友善待人。舉個例子來說明我的重點；或許你們會覺得有點好笑。

那次我在北美的一座大城市，冒著雨走了一大段路（雨中散步也是我很喜歡的事）。

走路的時候，我看到一間小店的廣告說他們的咖啡加了適應原（adaptogens）；這種物質可以促進大腦的專注力、記憶力、能量及耐受性，對抗無法控制的壓力造成的毒素。品牌形象和包裝都引起了我的興趣，我就進去了。

櫃檯後戴著酷帽子的小文青一語不發，茫然瞥了我一眼，視線又回到手機上。店裡沒有其他人，但他似乎不太高興看到我。

沒關係。我微笑，打了個招呼。他嘟噥了一句歡迎光臨，就像那些花太多時間上網的人，因為他們失去了與其他人連結的能力。他們也忘了這個特殊習慣給人的樂趣，更看不到豐富人生的重點。

我細看了那些產品，感覺很不錯。這間公司的創辦人顯然投入了大量心思（和金錢），創造出能夠幫人發揮最佳表現的優秀產品。

我問年輕人這家店是連鎖還是獨立商店。

「獨立。」他的口氣和冰塊浴一樣冷。然後他隨著他正在播放的時尚音樂搖擺身體。這不是我編的。他跟著音樂跳著怪異的舞步，而不是認真回答我的問題。真希望你也在場，你也會發覺他的舞姿不太對勁。

我想知道，除了在店裡把補給品加入他們煮的咖啡服用，有沒有可以帶回家的小包裝。

「以前有小包裝，現在沒了。」他回覆的時候眼睛仍盯著畫面很忙碌的手機螢幕。

又一個怪異的舞蹈動作，像超現實的機器人。然後用手指敲著手機，檢查急迫性顯然比我更高的東西。

為另一個人活在當下。迎接一個人的時候，即使只用一點點的熱情，也是很出色的禮物。提供協助時展現出流暢的產品知識及超乎尋常的專業能力。也要表現誠摯的投入，願意讓其他人感受喜悅，你才能在工作上找到勝利，同時校準你的工藝。並提升你的自尊、靈感、職涯和生活方式。這些重點是不是很容易忘記！只要守住基本原則，專心做該做的事就夠了。

因為能做到的人實在不多。

每次思索在顧客、團隊成員、供應商或其他要面對的人面前該呈現什麼樣貌時，你可以想想那個舞步怪異的小文青。戴著酷帽子那個。

只要友善待人，就夠了。

79

設定每天的五勝利

向我諮詢的客戶發現一項非常有用的生產力協議就是每天五勝利。跟其他有價值的工具一樣，相當簡單。只要每天設定五項小勝利、小成功或小目標，承諾自己要在一天結束前做到。因為你現在已經懂了：微小的、日常的、看似不明顯的進步，只要貫徹一段時間，就會帶來驚人的結果。偶爾做的事並不會促成你的偉大，而是每天都在做的事。

不論你有什麼計畫，及目前生活的情況如何，你絕對能達成五項小勝利。

很簡單的事情包括：

……起床後立刻鋪床。

……刷完牙後做二十次伏地挺身。

……早餐前進行十五分鐘的冥想。

……不吃早餐，斷食數個小時。

……在晨間日記裡寫下幾項你覺得很感恩的事。

……寫一封情書給你的伴侶。

……開始工作後，花幾個小時做真正的工作，而不只是忙著工作。

……親手寫感謝函給幫你取得進展的人。

……看學習影片，增強你最重要的技能。

……花一小時做對事業最有幫助的項目。

……想一句鼓勵的話，說給團隊成員聽。

……注意到生活中讓你更覺得自己活著的事物，細細品味。

……協助在路上碰到的陌生人。

……與家人吃飯，禁用電子裝置。

……睡前寫三件你覺得很感恩的事。

我希望你能玩味這個要點：每天達成五個小勝利，一個月內就會做到一百五十個，一年內就會累積一千八百個進步。接下來的十二個月，成就一千八百個微小的目標後，絕對會變成你生命中最有生產力、最成功、最非凡的十二個月。

80

訓練藝術家的思維

我很欣賞美國塗鴉大師尚—米榭・巴斯奇亞（Jean-Michel Basquiat）的藝術作品。我很迷奧地利知名畫家瑪莎・榮薇特（Martha Jungwirth）的抽象畫。去畫廊的時候，我可以盯著南非現代藝術大師萊昂內爾・史密特（Lionel Smit）的肖像畫，一看就是好幾個小時，迷失在他的才華裡。

藝術對我來說，讓生命更美麗、更輕鬆、更美好；讓無聊的日子變得更有趣。而在我親眼看到偉大的藝術時，只沾染到一點點藝術家的天賦。讓我的工藝也更提升了一些。

好的。訓練藝術家的思維。這是我給你的指示，也是要求。不論你從事哪一行，都要發揮創意。你產出的成果（可能是披薩或劇本、公司或程式碼、新創公司或飛輪課程）都是你珍貴的藝術。你的名字刻在上面。所以，不論做什麼，都要不同凡響。不然，就不要做。

下面是四個鼓勵你的實用課程：

第一課：你今天做到的工作必須優於昨天的產出，今年的工作則要比去年的更好。

第二課：比產業中的任何人都更在意品質。當大師，不然什麼都不是！你要知道傑出是一種能量。不需要說，別人就能感覺到。每個人都能感受到周圍出現優秀的人事物。

第三課：利用你的奇特之處，挖掘你的怪異之處。你身上很奇怪的特質就是能讓你實現天賦的要素。審慎思考、寫日記並冥想讓你脫穎而出的獨特怪癖、天分及強項。然後培養及強化這些特質。

第四課：相信錯誤是通往藝術性的門戶，失敗是充分展現才華時必須付出的代價。把錯誤、挫折及混亂變成藝術力量的燃料。哲學家尼采說過：「混亂會孕育出閃亮的星。」

到細長的樹枝上過日子（細枝上很危險，但那兒才有果實！）。在創造上大膽冒險。不要害怕自己看起來很笨，記住，你不把自己當回事，別人也不會把你當回事。

訓練藝術家的思維。因為你就是藝術家。

81

找到個人的黃金眼

為了產出你的大作，你需要常常獨處。我不是說團隊合作不重要或沒有幫助。夢想愈大，團隊愈重要。前面說過，要真正成功，與家人朋友的深厚連結是必要的基礎。

話雖如此，我在這裡要強調，在科技刺激極高、過度分心及認知超載的時代，你真的、真的、真的需要強迫自己定期離開日常的生活，去做世界級的工作，即使每天只有幾個小時也好。

所有的藝術家都有每天能去靜修的工作室。所有的科學家都有自己的實驗室，在裡面辛苦工作，進行實驗。所有專業的運動員都有自己的健身房。所有傳奇性的音樂家都有自己的錄音室。

「所有的巫醫都住在洞穴裡。」這是藝術家尚—米榭・巴斯奇亞的觀察。對我來說，意思是你可以處在這個世界的噪音裡，或透過獨處來完成你的傑作——但兩者無法兼得。你的天賦懇求你給自己更多安靜、孤獨與靜止。創作出許多傑作的人都明白，工作地點對工作品質的影響深遠——因此他們會讓自己進入能夠激發最高生產力的場景。

詹姆士·龐德系列小說的知名作者伊恩·佛萊明（Ian Fleming）在牙買加買了一間很棒的海上小屋，他去那兒尋求寧靜，產生至關重要的心流狀態，創造出娛樂無數人的故事。他稱這個地方是黃金眼（Goldeneye）。

這位知名執行者遠離社會的喧囂，獲得這樣的靈感、執行力及生產力來完成他非凡的系列作品，你是否也應該找到自己的黃金眼？

82

付出額外的努力

《清晨五點俱樂部》花了我整整四年的時間，把這本書寫得十全十美變成一項近乎著魔的使命。寫書的時候，我搭火車去歐洲的小鎮，找到飯店住了一星期專心寫作。那星期的草稿進度超過前面一整個月在家工作的成果。

在那次旅程中，客房服務的人早上送來的檸檬茶非常特別，令人無法忘懷：切成兩半的檸檬去掉了籽。

如果覺得我沒說清楚，請聽我解釋：某個非常敬業的靈魂不只把檸檬切成兩半，好讓我把檸檬汁擠進熱水裡，還多花了一點時間，細心取出檸檬籽，免得擠汁的時候檸檬籽掉進茶裡。

這種出乎意料之外的貼心服務讓我留下很深的印象，因此寫進了《清晨五點俱樂部》。我稱那個概念是「幫檸檬角去籽」，比喻對細節的煞費苦心奠定你成為工藝大師的基礎。

寫今天的輔導訊息時，我又在同一間飯店裡。猜猜看怎麼了？今天喝的茶又讓我想出新的比喻。

我點了新鮮薄荷茶。接電話的年輕女性叫伊娃，活潑又熱情，服務一流。她注意到所有的細節，超級負責，非常關心顧客。

「要等十五分鐘，可以嗎？」她用銀鈴般的聲音說。

當然，恰恰過了十五分鐘（我在瑞士），伊娃到了我的門口。一臉燦爛的笑容，雙眼閃亮如星。帶來的氛圍讓我更享受身為人類的事實。

看著輕輕放在前方桌上的托盤，我注意到伊娃不只在茶壺裡放了一把新鮮薄荷，還加了裝飾：象牙白的茶杯裡放了一片綠色的薄荷葉，很有藝術感。

你可能會說：「羅賓，那不算什麼。」你錯了，對我來說，很有意義。

在這個時代，極少數人會承諾的少但做到的多，而且許多人期待得到最富裕人生的同時不必投入承諾，不為最有意義的生活付出努力，伊娃的工藝卻閃閃發光。她是財富第四種形式的典範。她行使創造力，鑄造出精湛技藝的貨幣，摘下那一片薄荷葉，讓它位於茶杯中那麼完美的位置，做出小小的藝術品。

所以，現在對於在工作上付出額外的努力，來迷住所有你遇見的人，我有了新的比喻：放大那片薄荷葉。如果這個習慣對伊娃有效，我相信對你也有用。

83

像專業人士一樣有耐心

我要告訴你一個得勝的祕密，其實也不算祕密。但我說是祕密，因為我希望你願意付出更多注意力。

這個祕密就是……耐心。

就這麼簡單。實用。顯而易見。一個近在眼前的策略。因此，很少人（我確實認為很少）能夠貫徹始終。童書作家艾倫・亞歷山大・米恩（A. A. Milne）寫道：「小河都知道這個道理：別著急，總有一天會到那裡的。」

今天，我在時尚之都米蘭。樹上的花朵怒放。這是我第一次去當地的星巴克，義大利的朋友及米蘭的讀者聽了會生氣吧（我就小聲說：很不錯）。

很棒的街頭藝人彈了酷玩樂團（Coldplay）的歌曲，然後是加拿大饒舌歌手德瑞克，最後是小賈斯汀（Justin Bieber）的〈愛你自己〉（Love Yourself）（再次小聲說，我很喜歡那首歌）。

然後我走到很有名的米蘭大教堂（Duomo），非常迷人。

可說是令人屏息。

我看到尖頂及拱門，還有極為複雜的工藝品。你知道嗎？大教堂自一三八六年開始興建，一九六五年才完成最終的細節。將近六百年。就一個計畫。

現在，想像我用最興高采烈的語氣問你：你有沒有決心，要花六百年讓你的X計畫盡善盡美？直到完成計畫。到最崇高的終點。用該做的方法做完。頌揚你的天賦。讓我想到米開朗基羅的話：「天才就是持久的耐心。」

在我們的文明中，大多數人能集中注意力的時間和麻雀一樣。你希不希望能在工作上享有重大的勝利，遠遠領先同儕，以至於他們永遠追不上你（花六百年也追不上）？

希望嗎？很好。

那就成為專業領域裡最有耐心的人，在你的競技場裡變成最孜孜不倦的生產者。費心處理最微小的細節。努力達到超級巨星的標準。絕不鬆手，絕不放棄，細微的筆畫也要做到大師的等級，然後還要更好。我向你發出挑戰。

84

學習咬著骨頭的狗

對，英語裡「咬著骨頭的狗」代表不會放開。你知道，精湛技藝的一個關鍵就是堅持。如果你絕對徹底拒絕放棄，在緊追自己的聖母峰時能走的那段距離一定很令人讚嘆。

就是這樣。很少人能做得到。舉一個我最喜歡的例子吧。

吉米·艾歐文（Jimmy Iovine）是現今音樂產業的龍頭，傳奇的唱片製作人，他想從擁有崔特·雷澤諾（Trent Reznor）音樂版權的一家獨立小唱片公司手中搶走這位九吋釘樂團（Nine Inch Nails）的歌手。那家公司的老闆很強硬——一點也不想讓他珍視的藝術家離開。

艾歐文的解決辦法拍進了《叛逆者》（The Defiant Ones）這部很棒的紀錄片——他每天都非常早起，然後進行儀式。他會走進浴室，那裡有電話，關上門，打電話給唱片公司的老闆。每天早上，他都在六點鐘撥出電話——持續了將近一年。

最後，那位老闆讓步了——因為誰都阻止不了吉米·艾歐文。他承認，艾歐文讓他覺得有人懂他，尊重他。因此他同意交易，讓出權利，促成了極為成功的合作關係。

在紀錄片裡，艾歐文被問到他為什麼堅持要將雷澤諾納入名下，為什麼要在一大早打電話且連續了將近三百六十五天，他說，絕對不能讓自我意識阻礙你承諾要達到的結果。

我絕對不會忘記那一課。驕傲不應該阻礙你實現目標，也不需要擔心在別人眼裡看起來很愚蠢。我真心希望你不要忘了這個指引。

如果其他人真的因為你對自己有堅定的信念及實現勇敢夢想的道德抱負而嘲笑你，記得蘇斯博士（Dr. Seuss）說過的話：「做你自己，說出你的感覺，因為會介意的人並不重要，而重要的人不會介意。」

85

享受浪費掉的時間

「樂於浪費的時間就不是浪費掉的時間。」音樂大師約翰・藍儂（John Lennon）說。

年輕時不懂這句話，過了很久才懂。

如果不工作，不執行我的時間表，不劃掉待辦事項，我就充滿罪惡感。可能也感到些許羞恥。真的是這樣。

我看到許多線下大師及網紅建議他們的粉絲「努力奮鬥，利用醒著的每一刻產出結果，不斷進步」。哎！

那種勸告不就是一種信仰體系，由著魔於做事、取得成就、奮鬥和勝利的文化傳授給我們？但為什麼獲勝的定義僅限於比其他人更有成就，及到達世界級的成功？為什麼名聲及財富比內在寧靜和個人自由更受人重視？

為什麼在我們如此奇怪的文化中，完成了幾兆件事的企業家及擁有大量現金的億萬富翁比整天坐在寺院裡冥想的和尚更有價值？或勝過種出亮黃色鬱金香、充滿喜悅的園丁？

把工作做好，把晚上的時間留給家人、熱愛的嗜好及人類喜愛的事物，為什麼這些人在別人眼中就是「生產力」遜於一年三百六十五天每天二十四小時待命的人？誰誆騙我們相信生產力該有什麼意義？如果沒有用工作填滿醒著的時候，為什麼就不值得貼上成功人士的標籤？

更進一步說，什麼都不做，為何在別人眼中是一件壞事？請告訴我。認真告訴我。誰讓我們相信做一件事勝於什麼都不做？事實上，那只是不同的事情；我不知道你懂不懂我的意思。真的能分出高下嗎？僅僅是我們的判斷和信仰體系相信有高下。

也因為信任的人（以及有影響力的人）教導我們兩者有好壞之別。

我已經學會很有效率地什麼都不做。因為少了深度的休息，再強的職業道德也經不起時間的考驗。

工作的時候，我的速度快、專注而精確，把注意力全放在少數重要的事上；孔子說得好：「一心不可二用。」不工作的時候，我享受人生，品味勞動的果實。在橄欖園裡散步，凝望著樹木。和艾兒開車出門，行駛過鄉間的蜿蜒小路，幫女兒做晚餐，和兒子一起參觀藝廊。讀有趣的書、騎我可靠的登山車、寫日記、聽鄉村音樂、去海裡游泳。

我一定要鼓勵大家，有時候也要精通無所事事。該更新自己的時候，什麼也不做，才是全面的冠軍。就像昨天晚上的我。涼爽的晚上，坐在戶外，腿上蓋著毛毯，抬頭看著星星。能享受空閒，實在很棒。

86

應用六十秒反拖延規則

結束了上一章，我們換個話題吧。所有取得巔峰成就的人共有的行為是：他們不僅敢有偉大的夢想，也會盡一切努力實現夢想。

他們明白不去執行的想法等於妄想，而且最微小的行動也一定勝過最偉大的意圖。在這種運作方式中，他們用工藝展現自己的投入，用精湛技藝表明自己的認真。

所以我鼓勵你：當絕妙的想法出現時，絕對不要什麼都不做就離開，想辦法做點什麼去實現這個想法。

不斷重複這句真言：「我現在就做。」你所說的，會決定你在這個世界的產出。然後，一浮現大膽無畏的靈感時，在六十秒內迅速採取行動，即使是最細微的進展也好，如此就可以擊敗拖延，讓自己保持前進。

蘇格蘭登山家威廉・哈奇森・莫瑞（William Hutchison Murray）說：「除非下定決心，不然就有猶豫、有退縮的機會，一定看不到成效。說到各種創始及創造的行為，都有一個基本真理，忽略的話，會扼殺無數的想法和精采的計畫：一個人堅定下定決心時，天意也跟著動了。」

我認為他想教我們，忙碌和生產力不一樣，行動和進步不一樣。

除非開始，不然一事無成。

87

工作時，不斷改進

我要和你分享最近聽到的對話。

我在餐廳裡吃午餐。有個男人要了一杯紅酒。他指著酒單上的一個葡萄品種。服務生看看酒單，說：「這一種嗎？我的發音不太正確，但我就試試看。」

他胡亂唸出酒的名字，然後去幫顧客取酒。

這勾起了我的好奇心，等服務生過來的時候，我問他在這間餐廳工作多久了。

「今年是第十一年。」他很自豪地回答。

唔……十一年。在同一家餐廳。幫客人點餐和葡萄酒。在這裡度過許多最寶貴的時光。把極為珍貴的生命能量用在這份工作上。有機會成為這份工作的專家。變成能提供耳目一新感受的人。收取豐厚的小費。

然而，不知道為什麼，他似乎不怎麼在意他的工作——他的工藝是一種貨幣，除了帶給他專業上、財務上及個人生活上的大量報酬，還有精神上的獎勵。他從不花時間研究酒單，以便學習正確的發音。我覺得他只是每天來打卡而已，就這樣度過十一年。

作為對照，來看看西班牙大廚費朗．亞德里亞（Ferran Adrià）的例子，他創辦了具有代表性的鬥牛犬餐廳（El Bulli），得到米其林三星。亞德里亞是分子美食的先鋒，為顧客一餐提供三十四道菜，他每個細節都要完美無瑕，偏執般的癡迷讓其他廚師大為讚嘆，而在鬥牛犬餐廳的名聲來到巔峰時（每一季有兩百萬人申請為數不多的預訂），他卻結束營業。

儘管他的創作能帶來龐大的財富（他的「咖哩雞」把雞肉醬放在咖哩冰淇淋上，顛覆了傳統的食譜），也被超級主廚侯布雄（Joël Robuchon）宣示為「地球上最棒的廚師」，他卻關閉了自己的餐廳，因為他覺得作為主廚，他已經不能再突破了。需要去探索新的挑戰，在藝術的路上繼續成長。

這就是重點：在競賽中表現出頂尖狀態，接近自身力量的頂點時，你需要推動自己打破你的獲勝公式，重新校準曾經讓你受益匪淺的技能，想像出全新的方式來徹底重塑自己。不然呢？就是平庸。也會快速淹沒在無聞中。

88

為魔法而勞動，而不是為金錢

運動巨星及至高企業家俠客·歐尼爾（Shaquille O'Neal）和我一起在一個現場活動中擔任講師，他分享了三項很有力的教導，我相信對你來說也很有價值。我就直接列出來吧：

第一課：教你的孩子謙虛，並腳踏實地。他的孩子說：「爸，買這個吧，反正我們家很有錢。」他會回答：「你不有錢，我才有錢。」俗話說「富不過三代」，其實很有道理。財富通常由第一代累積，第二代享受，第三代輸光。

第二課：記住你的根源。有太多的人在自己的領域中達成世界級的成功，然後忘了曾得到的引領。俠客向聽眾解釋，在湖人隊的每一次主場比賽前，他都會開車到之前住的洛杉磯貧民區，在街頭與孩童一起投籃。然後他回到車上，開車到比賽場地。我問他為什麼要這麼做。他的回應很經典：「因為那些孩子就是以前的我。」

第三課：絕對不要只為了錢而工作。俠客從企業家的角度告訴大家，只為了能得到鉅額現金而簽下合約，這一類的投資一定會失敗。然而，他接受了一個機會，因為他受到激勵，願意敦促自己增進領導能力，也覺得這個機會很適合，所以結果也非常出色。

是的，朋友，工作不要只為了錢；也要追求能從其中得到的成長。是為了這份工作能讓你看到的才華。是為了你將會成為的那個人。是為了工作傳遞給你的意義。當然，工作一定要做得非常好，即使沒有人看著，也要充滿正向和熱情，來服務你能協助的人，建造更美好的世界。

89

米其林三星餐廳與非常心不在焉的主廚

在我的領導力主題演講中，我告訴聽眾：「成功就是最大的失敗。」你最成功的時候，也就是你最脆弱的時候。得勝的時候，走錯幾步，你就輸了。成功超危險的！一旦得到成功，你自認是這一行的頂尖人物，會永遠留在頂端。你便停止創新，更容易得過且過。你認為顧客自己會來，你一定能持續站在主導地位。在這種時候，更容易陷入幾乎看不見的衰退，最後帶你面對敗局。

要避免這種情況，你絕不能輕易感到滿足，也要非常頑強。永遠準備好學新的事物、冒新的險、傳遞超乎預期的成果、在創新的路上失敗、更感恩自己能養家活口，並保有初學者的心態。

去年秋天，我帶兒子去義大利北部玩。最近有一趟父女的冒險，所以這次輪到柯比。我們跟一隻叫淑女的狗狗去找松露，在山裡走了很久，也上了烹飪課（做了義大利麵餃）。

旅途的最後一晚我決定吃點好吃的，在一家米其林三星餐廳訂了位置。我和艾兒去過這家餐廳，餐點美味無比；尤其是水波蛋配上佩科里諾乳酪、鮮奶油及白松露。

我們到了餐廳，準備接受美食震撼，體驗一生中最棒的一餐。父子同樂。

結果呢？主廚人在，但不在廚房裡。她坐在我們隔壁的大桌子，就在燒得很旺的壁爐旁邊。跟六個朋友坐在一起，聊天、嘻笑、喝著昂貴的紅酒、訴說她的輝煌歲月。雖然穿著白色的主廚制服，那天晚上她根本沒進廚房。

我不知道你怎麼想，但如果我要花一筆錢慶祝特殊的日子，去一家米其林三星餐廳（這輩子只去過兩次），我當然希望我的食物出自獲得三星的那位主廚之手。

至於餐點的評價？普普通通。真的。只能說還好。沒什麼特別。有一道菜幾乎無法入口。所以那個地方就去兩次：第一次和最後一次。

這頓小抱怨究竟有什麼重點？很簡單。那位主廚在頂尖的餐廳裡成為頂尖的主廚；然後她以為勝利是理所當然，對現狀非常滿足。失去了熱情。以為別人不會注意到。再也不去確認每項食材的精緻度及餐點的完美度。

讓自己的工藝更上一層樓時，牢記這個故事。絕對不要以為成功是理所當然，因為成功就是最大的失敗。如果忘了這個規則，被踢出場的速度絕對超乎你的想像。

90

人生比工作重要得多

我很崇敬籃球運動員肯尼．塞勒斯（Kenny Sailors）。因為他提醒我，在工作上有最好的表現是真實富裕人生的中心要素，但是要活得美好，不光是工作做得好就夠了。

有一天晚上我遲遲不睡，看了極其鼓舞人心的紀錄片《跳投》（Jump Shot）。

整部片當然就是在講跳投。

還有現在這種很常見的籃球動作是怎麼發明的、如何撼動了籃球運動並代代流傳。

但我看到的不光是這些細節。

紀錄片提到肯尼．塞勒斯年輕時發明了跳投。那時候是一九四〇年代，雖然看似奇怪，但籃球員在投球時雙腳都在地上。飛在空中的概念極其激進。

肯尼的動作可說是前所未見。對籃球來說，跳投與其說是創新之舉，不如說是革命性的行為。

球迷看了目瞪口呆。籃球員肅然起敬。就此改變了籃球。

永遠改變。

肯尼・塞勒斯變成他那個時代的柯比、喬丹和勒布朗。球場霸主，受到頌揚、受到尊敬、受到喜愛。

然後，他消失了。

去參加第二次世界大戰，加入了海軍陸戰隊。冒著失去生命的危險，為他的國家作戰。

回國後，他跟深愛的妻子搬去偏遠的阿拉斯加，住進森林裡。他在那兒打獵捕魚，建造營地，靠土地生活。養家活口，騎馬出門，再也不打籃球。相反地，肯尼開創了人生。

整整三十五年，這對夫婦都過著這種簡樸的生活，直到他的妻子患上了失智症。肯尼痛心疾首。

妻子過世後，他過著平靜的生活。他開始教導年輕的籃球員，為社區服務，常常隱姓埋名（最好的給予方式，對吧？）。

生命來到盡頭時，肯尼・塞勒斯被問到他的「四強」——這個術語指大學籃球季後的重要比賽，在這場比賽中，除了最優秀的四支球隊，聯盟中其他的球隊都會被淘汰。訪問的人把這個名詞變成了一個問題，其實在問對他來說最重要的四件事。

「崇敬上帝、當個好丈夫、當個好父親、當個好的海軍陸戰隊員。」

籃球甚至不在他的四強裡。

肯尼活到九十五歲，活得轟轟烈烈。我認為他是英雄——

很多人也有同感。

謙遜的他過得簡單、光榮、快樂，且十分正直。這段輔導訊息真正的意義是什麼？說到精進你的工藝，並在執行時達到絕對的世界級標準，施出你所有的天賦、力量和熱情。不工作的時候，過著安靜、深思、光榮而有意義的生活。因為活出偉大，絕對不會妨礙你活得美好。

財富的第五種形式

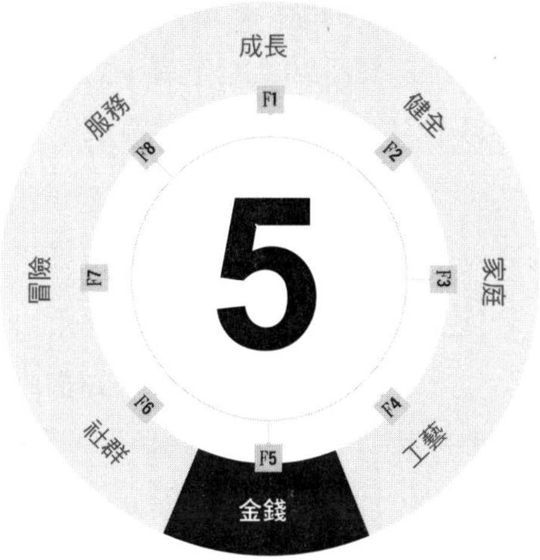

金錢

富裕是自由的燃料

如果我們掌控自己的財富，應該會富裕而自由；
如果財富掌控我們，那我們就真的很窮。
——艾德蒙・柏克（Edmund Burke）

財富的第五種形式

金錢｜概覽

擁有足夠的收入和財務價值，感覺可以按照自己的意願生活（也能自由選擇自己和所愛之人想要的生活方式），不僅是真正富裕生活的重要元素，也是不可或缺的元素。

關鍵在於讓金錢為你服務，而不是成為追求金錢的俘虜，忽略其他七種財富貨幣的形式。你絕對不想要財務上非常富有，幸福卻很匱乏吧？

這讓我想到某一期《紐約客》（*The New Yorker*）刊登的故事，很有意思。知名作家約瑟夫·海勒（Joseph Heller）及馮內果（Kurt Vonnegut）去一位華爾街大老位於紐約長島的家裡參加雞尾酒會。現場華麗奪目，充滿了社會名流，奢華且閃閃發光。

馮內果對朋友說：「約瑟夫，這位主人昨天一天賺的錢比你那本《第二十二條軍規》（*Catch-22*）所有的版稅還多，你聽了有什麼感覺？」

海勒回答：「老馮，我有個他一輩子得不到的東西。」

「什麼東西？」馮內果問。

「充足的感覺。」海勒的回覆很簡單。

充足的感覺。真美。對自己所擁有的感到滿足，這種察覺讓你很富裕。話雖如此，要活出最好的人生，也必須鼓勵自己獲取合理的財富。經濟富足給你自由，做出符合自身最高利益的選擇，而不會被逼到絕境，必須為了一份薪水去做不想做的事。金錢的豐盛也為你和所愛的人提供更舒適的環境，有機會享受物質世界提供的各種樂趣。

其實就是一種平衡，對不對？擁有你的金錢，而不是讓金錢擁有你。合理的富裕對你有好處，讓你能體驗精采的生活；但絕對不要讓金錢變成你的主宰。絕對不要。

在這樣的脈絡中，一起踏上旅途吧，我精心為你準備了課程，在你寶貴的生命裡能大幅增加財富八種形式中的第五種——金錢。開始吧。

91

避開霍華‧休斯的金錢陷阱

昨天晚上我看了霍華‧休斯（Howard Hughes）的紀錄片，交織著激勵與震驚；在他的時代，休斯是地球上數一數二的富豪。我突然想到這是一個很好的起點，就從這裡開始財富第五種形式的討論。「為什麼？」你滿心疑問。讓我來解釋吧。

……他的工具公司一年幫他賺進五千萬美元；等於現在的一億五千萬美元。

……他賣了環球航空的股票（來自他的航空公司），換得五億美元的現金（時值一九六六年）。

……他是飛行大師，率先試飛新型飛機，並開辦了創新的好萊塢製片廠。

……他甚至發明了自動病床，在一次飛機失事後，他身受重傷，無法長時間平躺，因此非常沮喪。

不過，下面才是重點。雖然超級有錢，他晚年卻十分孤獨，住在拉斯維加斯一間飯店幾乎總是見不到光亮的閣樓裡。

身邊沒有親人，飽受毒癮折磨，健康狀況不佳，享受不到生命帶來的祝福。

休斯握有極大的權力，又因自身的緣故難以接近，因此身邊沒有可以向他說真話、幫他重新連結到現實的人。周圍的高層主管建立起屏障，讓這位大亨看不到事業帝國內部出現的嚴峻挑戰。雖然他擁有世界上所有的金錢，心中的惡魔卻讓他過得像個隱士，把自己鎖在奢華而骯髒的飯店套房裡。

他的事業複雜度愈來愈高，吸引到的人不全為他的最高利益著想，也不想確保他的心理健康問題得到適當的治療。事態每況愈下，他整天光著身體——拒絕洗澡、害怕細菌、也怕其他人。他被丟在黑暗裡，手臂上長時間插著針頭。如此傑出的人生，如此悲傷的結局。

我想澄清一件事：賺錢不邪惡。金錢真的可以讓你過得更輕鬆，解決很多問題。金錢可以讓你為家人做很多好事，讓社區更為豐裕。過去幾十年來找我諮詢的許多億萬富翁（他們個性低調）可說是我遇過最正直、慷慨、善良的人，他們努力工作，保證自己能讓世界變得更好。

你是我不斷成長的朋友，我真正想給你的建議很簡單，在財富增加時，保持謹慎，讓財富成為通往善良的門戶，而不是摧毀自身快樂的監獄。

92

了解你的匱乏創傷

賺錢以增加第五種形式的財富並非偶然。相反地，有意識地持續應用一組經過時間考驗的規則，才能累積豐厚的財富；擁有金錢的人知道這些規則，實際使用並不斷改進。

要升級個人的經濟豐盛，先治療金錢的創傷是很睿智的起點。金錢的創傷是你在生命中行進時成形的虛假信念及情緒傷害。尤其是年輕的時候，父母和最初碰到的老師關於金錢的思維對我們有很深的影響（記得前面我逐一解釋過的PENAM五種力嗎？）。年歲漸長，我們在這個領域裡體驗到失望、試煉和損失，關閉各種可能性、限制我們迎接機遇，並導致我們憤世嫉俗，認為自己不可能成為地球上的財務力量（或至少不會每天擔憂錢從哪裡來）。

或許你信任的人曾教導你「有錢人都是小偷」、「富人跟我們不一樣」、「金錢是罪惡的根源」、「資金豐厚的人就是運氣好罷了」。或許有人告訴你「投資股市就是賭博」（如果你不懂如何評估公司的價值，只是亂槍打鳥，才叫賭博），或

「買外國的房地產是傻瓜」（如果你買了不明情況的房子，才是傻瓜）。如果你有這些信念，你真認為自己有學習的抱負，然後去應用那些規則，將自己在金錢方面的潛能發揮到極致嗎？你抱持的核心信念很有可能變成自我實現的預言。我們會得到自己期望的東西。

現在，我誠心鼓勵你，開始療癒你在財富上的創傷，讓你能完全享受這種貨幣帶來的種種好處。下面是四個經過驗證的做法，幫你調整成豐裕的心態，情緒上也與你的收入建立更健康的關係：

1. 款待自己，就像你是來訪的皇室成員。我並不是在建議你出去買個你買不起的東西。我個人非常崇尚節儉。但我相信，你可以立即採取一些行動，讚揚你現在的成就，獎勵自己克服的所有難關。

例如，做個簡單的儀式，找一個安靜、美麗的地方來慶祝你培養出的各種技能及你為他人創造的價值（切記，你向市場交付價值後，金錢只是副產品），或去高級美容中心享受按摩，或前往你一直想去的地方，或投資買下不出名但非常出色的在地藝術家原創的藝術作品，並開心地掛在家裡。我建議你做一件事，什麼都好，來感謝自己成長為現在的模樣，因為這會提高所謂的配得力（DeserveAbility，這個用語來自我的輔導方法）。原則是：對自己好一點，你自然會覺得你值得更好的待遇。如此一來，你會抓住更好的機會、把更好的成果推進你的領域，並提高你向客戶要求的收費（也可以開除那些從你身上偷走喜悅的人）。

持續提高對自己的讚賞，日常習慣、體能、談判時要求的金額、消耗內容的優劣、友誼的深厚程度及前往地點的特別程度，也會套用愈來愈高的品質標準。沒錯，自我價值增加後，淨值也一定跟著提升。金錢不喜歡不愛自己的人。

2. 造訪超級富裕的所在。這裡的原則很容易陳述：富裕是一種能量，去靠近那樣的生命力。

務必小心行事，但接近奢華會增加你的信心，讓自信成為常態，讓你在生命中創造更多的富裕。在內心深處，你知道你就是屬於這種高級的地方。不久，你就會自動開始創造精湛的技藝，讓這樣的生活方式成真。收入一定會反映身分（讀兩次）。

一開始可能是去所在城市的超時尚百貨公司，到咖啡館裡享用一杯茶，或去最精緻的飯店，到餐廳點一份沙拉。把自己放在這樣的環境裡，你會聽到富裕的人在聊什麼。你有能力建立新的連結。對自己的看法及對自身才能的尊重，都會出現細微且漸進的轉變。相信我。金錢真的會強烈反映出你對自己的看法。開始把自己看成一個更富裕的人，你就會開始做富人做的事情；這也一定會讓你賺更多錢。

3. 清算匱乏。在早晨的日記裡，列出父母、老師及媒體教給你的心智訓練，關於賺錢、賺更多錢及保護金錢的消極態度。也記錄你的財富創傷：你想變得更富裕，卻沒有成功，因此留下的傷害。全部寫下來，就更能清楚看到限制你經濟進展的因素，坦白記錄後，你可以看到這些因素如何阻礙你去贏得財富的第五種形式。帶入光的陰影消散了，有了察覺，轉變隨之而來。美國詩人瑪雅．安吉羅（Maya Angelou）勸告我們：「盡你所能，直到你能看到更好的模樣。然後，知道更好是什麼樣子，就做得更好。」

4. 創造理想人生的拼貼。你知道，我一直在宣傳執行力。對不願意動手的人來說，所有的想法都沒有用。而你做傑出的事，就會看到傑出的成果。話雖如此，看得清晰，才能精通，你需要先想清楚自己想要什麼，然後再採取行動去實現。如果不知道你要什麼，怎麼得到你想要的東西？模糊的計畫只會帶來模糊的表現。絕對不要花人生中最好的那幾年爬山，爬完才發現自己爬錯了。

開始重新設計、升級以及幫心智充電的過程，全副注意力都集中在你想要的富有生活方式。夢想拼貼是一個很棒的工具，在一塊每天都能看到的大板子上放你的夢想。這幅拼貼上的圖片就是在你擁有財富後要體驗的壯麗人生。圖片可能是你想跟所愛之人住進去的房子、你想去度假的熱帶島嶼或滑雪勝地、你想要的車子、你想穿的衣服、你渴望造訪的頂級餐廳、你想去的超好玩冒險，以及你願意支持的慈善機構。同樣地，關鍵在於享受物質生活（因為我們住在物質的世界裡），但永遠不需要你擁有的東西。也絕對不要用擁有的財產來定義自己。

好的。老農舍這兒已有秋意，植物的顏色美得令人屏息。

如果你跟我在一起，或許來杯新鮮薄荷泡的茶，你一定會同意我的看法。雖然我現在不會和年輕時一樣，如野人般狂騎我的登山車，但現在我要上路了。輕鬆騎一段。過一會兒再聊吧。拜拜。

93

你的生命力也是財務助力

我遇過的金錢大師幾乎每一個身材都非常精實。他們幾乎每天早上都做運動、走很多路（酷愛走動式會議）、投資最好的運動器材，會雇用私人教練、按摩師和營養師。他們深深了解要獲取常人不敢想望的富裕，一個重要關鍵便是培養出無窮的能量。

在我輔導的對象裡，很多人會冥想、監測睡眠品質並加以改善、洗冰浴、每天坐熱烤箱流汗、呼吸新鮮空氣，以及去長壽診所尋求延年益壽的做法（專家提示：如果你認真要活出最富有的人生，那就別死）。

你可能會納悶他們怎麼還有時間工作。是這樣的，這一類的靈魂通常是極簡主義者：婉拒大多數活動，只在幾項活動上達到最高的等級。希望你懂我的意思，他們是本質主義者，不是極繁主義者。

更重要的是，他們非常明白，投資金錢以達成最健康的狀態及巔峰的生命力，對財務掌控而言絕對有必要。他們知道到達經濟富裕頂峰的頭號任務就是不要生病。當然，我剛才列出那些他們會做的事都要花錢；但生病更花錢。

身體健康的話，能量會提高。能量提高，表示生產力增加。生產力增加，你能為產業貢獻更高的價值。對於那些創造出優質產品及服務、讓他人生活得以改善的人類，市場自然會回饋給他們更高的收入。如果你和我一起在我的書房裡，坐在壁爐裡的熊熊火焰前，我會再拿一張餐巾紙畫我的輔導方法論裡的另一個模型，像是這樣：

更佳的健康狀態 ＝ 更多的能量：▲ 更高的生產力
＝ 為產業提供更深厚的價值 ▶ 更高的收入

對，改善健康後，生命力也會增加，進而提升你的生產力，增強交付給經濟的價值，讓你能享受更高程度的富裕。

如果養成正確的健康習慣，讓壽命延長十年或二十年，想想看，你能讓多少人變得更富有。這就讓我想到，因為延伸了幫助別人的時間，你會賺多少錢。有一次聽到頗具代表性的億萬富翁泰德．透納（Ted Turner）說：「提供最佳服務的人獲利也最高。」睿智之語。

94

金錢大師的頂級對策

增進健康和能量後，在財富第五種形式中取得成功的一個主要習慣就是獨立思考。金融帝國的締造者體驗到的勝利主要來自這股推動力。

這些人為了忠於自己的本能和直覺，勇敢展望更美好的未來，不介意被嘲笑。事實上，他們撿起批評者丟向自己的石頭，建造成紀念碑，來見證自己的膽量。

在目前的文化中，大多數人從眾而行、仿效網紅的行事（買物、飲食和說話也是），按著他人的指示過活。太多人變成更順從的「羊群」，而不是更強壯更聰明的人。上星期我讀到一本創意書的書評，作者是明星音樂製作人。書評家大力抨擊這本書，因為那就是評論家的工作（如果他們有天賦和膽量去做他們大肆批評的工作，他們早就做了！）。

……他說那本書不算是回憶錄（但本來就不是回憶錄）。

……評論家寫道，那本書並沒有分享太多製作人在錄音室與音樂巨星合作的經歷（書的主題本來就與此無關；

作者分享自己對創造過程的洞見）。

……他指出那本書提供的價值不高，認為不值得買。

看完書評後，我看了網路上的評論。

有人說：「謝謝你的評論，很有幫助。你讓我省下買這本書的錢。」

唔。這位作者應該稱為藝術家，而不只是製作人，他創意驚人，我只聽過別人盛讚他的影響力。即使這本書有很多負評，但我非常好奇藝術家能如何提升技能，創造出令人著迷的作品，所以我立刻買了有聲書。

結果呢？在我讀過的書裡，這是一本最細緻、最有幫助且真正經過深思的指導書，教讀者發揮人類的創造力，推出真正的傑作。

這裡的教導是：*獨立思考*。

我很懷疑那位評論家有沒有把整本書看完。我真的很懷疑。順帶一提，那讓我想起億萬富翁的另一個習慣：在決定要得勝的事物上，他們講究深度，而不是廣度，而且細緻入微，不是表面與輕淺。

我也很確定這位評論家不是嚴肅的創作者，因為我不覺得他看懂了作者的意思。這讓我想起創作歌手巴布・狄倫（Bob Dylan）的建議：「不要批評你不能了解的東西。」

本章的重點：因為留下評論的人把書評視為真理（沒有獨立思考），錯過了機會，學不到那些可以幫他們大幅提升藝術技巧的想法和工具。

甚至有一篇評論說：「你不需要從書籍學習怎麼表達創意；動手去做就對了。」

真的嗎？一點道理也沒有。

彷彿從事那項工藝數十年、達到地球上最高等級的人把這些來之不易的智慧寫成書，還無法幫其他人避免錯誤、縮短專業學習曲線，及激發個人的想像力去完成之前視為不可能的事情。

信任自己的看法。堅定你的信念，從事激動人心的使命，同時保護你真實的意願——即使整個部落都在嘲笑你。每一個有遠見的人一開始都飽受嘲弄，最後才能得到尊敬。

95

空蕩蕩豪宅裡的億萬富翁

幾年前，一位知名的企業家偶像來找我的團隊。他要我幫他在他的財富數字後面加一個或兩個零，同時讓他恢復健康，在他複雜到荒謬的生活中找回喜悅、平靜和自由。

我在接到要求後深思了幾個星期，最後同意與這位大亨會面。我搭長途飛機前往他所在的遙遠國家，入住飯店，複習我準備的筆記，以便在會面時表現得很專業（另一個專家提示：每次都要當那個準備最充分的人——因為如果沒有過度準備，等於沒有良好的準備）。

我跳上計程車，經過知名的建築物，穿過兩邊種滿樹木的大道，最後到了一個看似有很多大使館的區域，還有佔地頗廣的莊園及龐大的豪宅。

計程車停在我這輩子看過最大、最宏偉、最令人驚嘆的房子前面。在高聳的鑄鐵大門前，一名助理來迎接我，帶我走過芳香的花園、著名藝術家製作的精美戶外雕塑及一排建築風格很特別的客用小屋。

最後，我們來到位於廣闊庭院主要區域的主屋。助理打開前門，帶我走過大理石門廳，穿過客廳，牆上掛著顯然是無價之寶的繪畫，地上鋪了華麗的東方風格地毯，訂製的家具上放了一疊又一疊商業書籍。

再走過長長的走廊，下了一道樓梯，進入像地下建築物的地方。

隔著玻璃牆可以看到車庫裡放滿了法拉利、藍寶堅尼及布加迪等超級跑車。左邊是另一條走廊，盡頭有一扇金屬門。我聞到雪茄的味道。

「夏瑪先生，他在裡面等你，」助理說。「他今天心情很好，你們應該會聊得很愉快。他真的很期待和你見面。」

門開了，我看到巨大的辦公室，中間是一張寬大的舊木桌，上面擺了很多疊得很整齊的紙張。落地式書架上放了更多的書。他正在播放金屬製品合唱團（Metallica）的〈別問喪鐘為誰敲響〉（For Whom the Bell Tolls）。對，是金屬製品合唱團。

他重重噴出一口雪茄菸；煙霧瀰漫在整個空間裡。

客戶四十出頭，穿著黑色連帽衫，黑色運動褲，棕色捲髮上壓著黑色棒球帽。一隻手的手腕戴著大大的不鏽鋼手錶，另一邊的手腕則是許多細細的紅繩。雖然他年紀尚輕，看起來已經老了。滿臉厭倦，身材嚴重走樣。

這位知名的億萬富翁跟我談了三個多小時。我問了一大堆問題，寫了一頁又一頁的筆記。我問到他目前的生活、最大的勝利和最深刻的痛苦。我檢驗了他的希望與夢想。我探查了他的娛樂帝國及各種投資。我態度和緩地詢問他晨間的習慣、工作的儀式、睡前會做什麼及整體的生活方式。

然後我說：「可以談談你的家人嗎？」我做了研究，但並未找到太多關於這位大亨個人生活的資料，我猜測他的業務團隊得到指示，要從網際網路上刪除所有的細節，但理由不明。

他停了很久沒回答。又噴了一大口雪茄煙。

「沒有家人。」

「什麼意思？」我問。「你一定有關心的人，也有人關心你吧。難道，你一個人住在這麼大一棟房子裡？」

「對，」他直接回答。「這裡只有我一個人，和一組助理。沒有家人。沒有真正的朋友。相當寂寞。」

他轉過了頭。我聽到一聲嘆息。

這場會面，我就說到這裡吧。我分享這個故事，只是要強調我的告誡：許多很有錢的人其實卡在貧困裡。有許多無比重要的東西無法用金錢買到；而金錢畢竟只是財富八種形式中的一種。有足夠的錢當然很重要，那也是為什麼我要細細講解這一段的輔導訊息。但是，在這個時代，社會通常只用某人銀行帳戶的數字及股票投資組合中的財富來衡量世俗的成功，所以我秉著謙遜的心來提醒你，用盡一生努力攀登這個看似很有成就感的巔峰，最終卻孤單登頂，其實沒有意義。也非常空虛。

96

感恩就是印鈔機

我在農場，天氣晴。看得到遠方的葡萄園，聽到狗叫聲，透過書房窗戶傳進來的鳥鳴聲讓我精神一振。不確定為什麼，但在這個非常複雜的時代，聽著鳥兒啁啾會帶給我快樂。

好的。開始正題吧，重點是：在生活中，把注意力放在某個東西上，你會愈來愈常看到這個東西。你付出注意力的目標有加乘的功效，你集中心力的地方會極度放大某些事物。所以，不要反覆思索行不通的事，可以選擇把注意力放在今天發生的好事。

這就讓我們更深刻體會感恩的重要。你知道，感恩是恐懼的解藥；也是通往富裕的通道。

心懷擔憂，想像自己的未來是一場災難，而陷入匱乏，被不安全感綁住，就可能錯失機會、降低生產力，並無法孵化可能帶來財富的主意。從形上學的角度來看，不向你擁有的禮物付出感謝，彷彿在告訴宇宙你並不欣賞生活中的一切祝福，就阻礙祝福繼續流入。

你感激的事物會升值，你讚揚的事物會提高喜悅的感受。

因此，儘管聽起來很簡單，但我要建議你數算你的禮物；這時我在亂七八糟的書房裡，忠心的狗狗陪伴在側，背景音樂是紅粉佳人（Pink）振奮人心的〈將我籠罩在陽光中〉（Cover Me in Sunshine）。訓練你的覺察，轉向那些增加喜悅並能讓你感到安全、舒適和成功的事物。這種正向的能量會讓金錢大量湧入你的生命。對，一定會。

97

將別人的得勝視為你的勝利

心懷嫉妒的人很少能得到財務自由。好吧，我說出來了。

嫉妒是一種思想（和心靈）毒藥，會毀滅你的創造力、汙染你的生產力、削弱你的勇氣，並阻止你成長為你最美好願景的最高版本。

因別人的勝利而心存敵意，只是浪費時間，你原本可以用這些時間來追求自己的成功。嫉妒僅是一種完全無用的習慣。也配不上你豐富、偉大而高尚的人格。

「那麼，羅賓，我要怎麼樣才能停止嫉妒別人的福氣？」你鼓起勇氣問了這個問題。

「就叫自己停止。」我的口氣溫和，但是非常堅定。

……別再猛滑社群媒體，看別人做什麼及成就了什麼。

……別拿自己跟網紅比較，捍衛自己的獨特、天賦和特別。雖然你有羨慕的對象，但你擁有的才華卻是他們的夢想。

……別再垂涎別人擁有的東西，說不定治理這個世界的智慧知道你不知道的事情，決定你想要的東西不是最適合你的。

我對你有無限的愛與尊重，而我想說的是，適合你的即將到來，不是你的就不是你的。所以，你為什麼會想要那些東西？

更重要的是，開始實踐一個好習慣，看到別人有成就、勝利和得勝的跡象時，就感到快樂。專注並持續努力（熟能生巧，對吧？），過了幾個星期，你就能重新設定及改造你的內在架構，變成一個不嫉妒的人，得到豐厚的收穫，讓美好的體驗也來到你面前。

最後一個想法：如果別人嫉妒你，那是因為他們覺得你比他們更棒；而且擁有他們私底下很渴盼的人生。

98

記住這個口號：習慣能打敗智商

與超乎尋常的智力相比，每天都能執行頂尖的習慣，對財富累積才更有幫助。存好這個大腦刺青，在街上編成歌來唱，然後到屋頂大聲喊出口號。因為你無法想像這有多重要。

且讓我冒昧地說，我輔導過的多位億萬富翁其實不是地球上最聰明的人。他們當然很聰穎，但就跟一般人差不多。以我的經驗來說，太聰明和太學術和受太多教育，會讓人想太多；而且只接受現狀認為合理的事物。然而，所有的發明、創新和進步都來自能想到不可能事物（並動手去做）的創造者。

你知道英國賽跑運動員羅傑．班尼斯特（Roger Bannister）嗎？每個人都說人類不可能在四分鐘內跑完一英里（一．六公里）。要真能做到，很多人相信跑者的身體會爆炸，有可能就此死去。但班尼斯特相信各種可能性。所以他每天鍛鍊、攝取恰當的飲食、好好休息、研究跑步運動、保持正向，然後跑出最棒的成績，打破障礙。有趣的是，他證明了有可能以後，不到幾個星期就有其他人陸續用不到四分鐘的時間跑完一英里。

這讓我想起我很喜歡的一句引言，來自愛爾蘭劇作家蕭伯納：「明智的人會自己適應世界；不講道理的人堅持世界要適應自己。因此，所有的進步都要依賴不講道理的人。」

不論如何，我的重點是，創造出巨大財富的偉大男性和女性並不是智力最高的人，而是習慣最好的人。

將優秀的習慣放入你的日常。現在花一點時間思索這個規則：改進財富未來最精確的方法就是讓你今日的例行公事變得更豐富。

99

使用財富的字眼

在這一段輔導訊息中，我想再提一下你使用的字詞具備什麼樣的力量。

我們說的話帶有很強的影響力及能量。在我們之中，有太多善良的靈魂不注重他們的詞彙。相信我，這個行為會嚴重減損他們的富裕。

在我的領導力簡報中，我一定會討論字詞的強大力量。簡報一開始，我會提醒聽眾在溝通中去掉八卦，還有完全不要說別人的壞話，因為在某種程度上，他們會感覺到話語的力量。還有，當你說別人的短處時，他們應該也在說你的問題。

然後我告訴聽眾：「使用領導者話語，而不是受害者語言。」使用軟弱的字詞，除了降低你的表現，也會推開周圍可以幫你成就偉大任務及道德抱負的人，因為消極、冷漠和毒性吸引不到任何人。

和其他事情一樣，轉化的開始就是提高你對自身語言品質的覺察。你更能清楚看到自己送進宇宙的低品質字詞後，你就會開始做各種很重要的細微改進，讓你的溝通技巧更加精進。小小的、日常的、看似無關緊要的進步，只要持續不懈，過了一段時間一定會看到驚人的結果！

為了實用起見，我列出下面的字詞供你每天使用，以提高你的影響力、績效和經濟富足：

有可能的	領導力	引起轟動的
可以	集中力	很棒的
精湛技藝	有幫助的	驚人的
是	傑出的	正向的
勇敢的	感恩的	英雄的
有力量的	創意	成長
一貫性	魔法	受到激勵的
機會	沒有限制的	慷慨的
美麗的	意志力	智慧
改進	愛	堅定的
轉化	天分	服務

自我暗示的確是簡單、強大且超級實用的工具，讓你擁有更強的天生力量，成為一個更誠實、更有影響力的領導者、溝通者及人類，累積能產生更多金錢的貨幣。

100

執行翠西·艾敏的反古柯鹼規則

我非常喜歡英國藝術家翠西·艾敏（Tracey Emin）。她的藝術打動了我，令我著迷，有時候也令我困惑。這些反應都能讓我更能感覺到生命力，在創作上也更加大膽。

《金融時報》（*Financial Times*）幫她做了很酷的訪談，她承認自己善於理財。她在英格蘭的馬蓋特（Margate）有一棟大樓，在法國南部有一間房子，在倫敦的高級區菲茨羅伊廣場（Fitzroy Square）有一棟雅緻的聯排別墅。

訪談中我最喜歡的一段如下：

> 身為藝術家，你不應該承認自己善於理財，因為那表示你沒有創造力，不走心靈路線。我能把自己的錢管得很好，因為在一九九〇年代，我從未吸過古柯鹼。一次也沒有。那時候大多數人都在吸毒，而我存了差不多數量的錢，買了我的第一棟房子。

對創造財富的人來說，她的要點很有智慧：不要浪費你辛苦賺來的錢。絕對不要。

不光是不要把錢吸進鼻子裡。你為市場提供你的聰明才智後得到了獎勵，就別浪費在：

……頻頻上餐廳吃昂貴的大餐，除了減損健康，還耗費寶貴的能量。

……只穿一次的衣服，及放在抽屜裡的昂貴手錶。

……漂亮的車子及豪華的飯店，讓你拍出酷炫的自拍，讓別人驚嘆，但投資報酬率幾乎為零。

我想這都是常識吧，不過常識在現代已經變得很稀有了。

101

量入為出

昨天我花了一個小時與一位金融領袖交談，在某些圈子裡他的外號是「億萬富翁的銀行家」。

他是一位朋友的朋友。這位銀行家讀了我的書，想找我喝咖啡。

會面前，我準備了一些我相信是很有深度的問題。那麼，與他會面時，我也可以學到一些東西；和不認識的人見面時，有可能不時碰到尷尬的沉默，先準備問題也有這個好處。

這次會面非常愉快！他親切謙虛，談吐有趣。

這位紳士善於聆聽，思想豐富，顯然花很多時間調整他的個人哲學，來決定他想要表現給這個世界的模樣及他的生活方式。

我問他：「你最棒的財務建議是什麼？」他立即回答：「不舉債投資」──是，我知道這和一般的建議相反，其他人會建議你用「別人的錢」來增加自己的財富。建造財務自由有很多方法，生命中也沒有黑白分明的東西，對不對？

他接著解釋「投資人最好的朋友就是時間」。過了很長的時間，金錢就有機會實現複利。你知道，只要你願意等，等了再等，複利可以讓你的財富出現指數型成長。

「但如果你借了錢，總有那麼一天，銀行變成來敲門的大野狼，要把錢拿回去。意思是你得不到複利的好處。所以，我們最好要量入為出，投資時不要借債。」

我們都知道該怎麼做，但一般人通常會違反這個規則。我想到投資大師華倫．巴菲特說到太多債務很危險時的智慧之語：「只有當潮水退去，你才會發現誰在裸體游泳。」

我有一個成立了頂級避險基金的客戶，聽他說對金錢的見解，至今仍讓我難忘：「大多數人在財務上無法取得進展，真正的理由是在收入增加時，他們也增加了生活成本。他們賺了更多錢，並不是將相對的少量用於生活，再將剩餘的錢聰明投資，而是用額外的收入買下更富有的人住的區域。這就讓他們有了壓力，要買鄰居有的車，去附近的人會去的加勒比海島嶼度假，把孩子送去那些貴到難以置信的學校，因為要跟隔壁鄰居的小孩當同學。因此，一年要結束了，他們仍沒有多餘的錢可以儲蓄和投資。收入雖然增加，卻更深陷入債務。」

在你急著完成下一次購買前，練習我取名為「二十四小時誘惑縮減器」的工具。睡醒了再決定要不要買。等二十四小時，再看你對買那樣東西有什麼感覺。在常見的情況下，誘惑會消失。在那一刻想買東西的衝動已經消散。更明智（更負責任）的思維回歸，省下一筆錢（隨著時間過去，就省下很多錢）。疲累（或無聊或生氣或肚子餓）的時候，我們會做出很多不當的金錢決定。

絕對要保證你懂得量入為出，有智慧地把金錢投資在明智的選擇上，而不是那些之後會後悔擁有的閃亮玩具。

整體價值數十億美元的個人倉儲服務之所以誕生，便是因為許多人買了遠超出自身需要的東西。降低你的欲望，只滿足需要——就會看到獎賞流過來。買更少的東西，也會降低地球上的垃圾量，所以對大地母親及未來的世代都有益。

「致富之路，主要看兩個詞：勤奮和節儉；也就是說，不要浪費時間和金錢，但要充分利用這兩者。」上面的忠告來自作家、發明家、政治家及哲學家班傑明·富蘭克林（Benjamin Franklin）；順帶一提，我很推薦他的自傳，是我非常喜歡的一本書。他的建議很值得銘記於心。

102

超級富人的習慣堆疊

除了前面提過的習慣，超級富人通常都有下面九種習慣：

第一種習慣：極度專注。在這個時代，大多數人都有注意力不集中症候群，而金錢大亨們已經培養出非凡的能力，能用全副注意力近乎完美地執行幾個能實現道德抱負的計畫。工作時，他們全心投入，而不是假裝工作，也了解忙著裝忙一點用也沒有。更不會浪費最好的時光漫無目的地滑手機或追求瑣碎的事物。

第二種習慣：無法打敗的正向。金融大老都是堅定不移的樂觀主義者。他們珍惜因為自己創新而變得更好的世界，期待因自己的發明而有更富裕的未來。他們是企業家精神的大師，而不是特權大師，他們真心相信自己的創造力、生產力、團隊合作及對產業的貢獻對他們的成功來說都是最重要的，而不是天生好運或運氣爆棚。

第三種習慣：獨特的不正統。他們確實看到每個人都看得到的東西，但能想到沒有幾個人敢想的東西。他們會避開模仿別人的誘惑。這樣的人具有高度的想像力，為新的事業夢想出非凡的計畫，顛覆現有的企業，為數百萬消費者帶來全新的利益。他們知道，除非一直被人說是瘋子，不然他們的夢想還不夠大。他們基本上也不在意別人的不贊同。

第四種習慣：極高的決心。在批評的風暴中，在惡意評論的攻擊下，在自我懷疑帶來的痛苦裡，他們不會放棄自己高價值的目標。就像咬著骨頭的狗，這些行動領袖訓練自己養成堅韌不拔、持之以恆的特質，以超人的決心去完成他們起頭的事情。億萬富翁都養成了忍受絕大痛苦的能力；還會永遠不斷往前。

第五種習慣：聰明的冒險。要抓住機會，取得最大的勝利，這時商業大老可不傻。真的一點都不傻。相反地，他們是「避險冒險」的大師。他們會冒的險有很高的機率能轉為巨大的勝利。在這裡，要記住的關鍵是「不要求，就得不到」及「不冒險，沒有獎勵」。

第六種習慣：受控制的完美主義。對——這些靈魂大多是絕對的完美主義者。如果他們要開連鎖飯店，可能會因為訂給餐廳用的大理石顏色不對，就讓新飯店的開幕延遲兩個月。如果要創立科技公司，會堅持產品的精緻度能媲美蒙娜麗莎，才能上市；史蒂夫·賈伯斯要求iPhone上的圖示充滿魔力，能讓使用者想要伸舌頭舔螢幕。如果他們是娛樂圈的大師，會努力確保他們的電影或專輯好到驚人，不論自己在完成前要付出多少血汗。

第七種習慣：培育領袖。偉大的領袖會培育出更多領袖（請讀兩次，因為你如果培育不出更多領袖，就不是真的領頭，只是跟隨）。金融統治者擴大財富的一個重要方法是利用槓桿。那不僅是就「好債務」而論的槓桿；我要說的是真誠培養周圍的人具備的領導天分，來發揮槓桿作用。培養出更多的領袖，能以軍隊般的精湛技藝來執行你偉大的使命，你就自由了，可以只做你做得最好（也最喜歡）的事情。但是，只靠自己就做不到。你的夢想愈偉大，愈需要培養出世界級的團隊。

第八種習慣：解決方案取向。很多人只看眼前的問題，卻想不到等著他們發現的解決辦法（每個問題都帶有自己的解決方法，只是一時可能看不到）。前面的章節裡已經探討過，這種特質出自人類大腦的負面偏誤，數萬年前，每天人類都要面臨飢餓的死亡威脅，或被動物或交戰的部落攻擊，這個特質反而能提供保護。金錢大師透過日日不斷實踐，很有耐心地養成習慣，碰到困境就尋找契機，碰到挑戰就尋找解決辦法。別忘了，把問題看成問題，問題才會變成問題。

第九種習慣：時時幫助他人。你現在明白，做出貢獻後，會得到金錢的獎勵。商業巨擘挑選的業務能養活數十億人；也正因如此，他們的收入高達數十億。你選擇了不太可能造成衝擊的機會，就很難享有經濟富裕。

好吧，分享了這九種頂級富豪的習慣，希望能幫助你成長。這一章篇幅較長，也該結束了，因為我答應要和我爸媽通話。我要去講電話了，稍後再聊。

103

培養加倍的紀律

我輔導過的企業龍頭還有一個特質，他們非常執著於讓自己的錢盡快翻倍。考慮新的機會時，他們第一個會問：「要讓資本至少翻倍的話，風險有多大？上漲空間有多高？」

在金融圈裡，這種思維稱為「72法則」（The Rule of 72），報酬率為百分之十的時候，大約需要七年的時間讓你的錢變成原來的兩倍。

想想看，大多數人為了錢而工作，拿時間換取收入。但賺大錢的人則多半會想辦法讓自己在睡覺時也能賺錢；經過一段時間，實現高額的複利。你一定要了解這個道理，非常重要——他們讓金錢為自己工作（有些人叫這個習慣SWISS方法，代表「熟睡時進行銷售」）。

財務富足的人先學會賺錢的技能，然後學會另一個技能，應用加倍紀律讓金錢倍增。舉例來說，按著72法則，十萬元以百分之十的速率在大約七年後變成二十萬，十四年後變成四十萬，二十一年後變成八十萬，二十八年後變成一百六十萬，三十五年後變成三百二十萬，四十二年後變成六百四十萬，以此類推，不需要投入努力。你就睡個好覺，讓好夢成真。

最後，金錢巨星會運用第三種完全不同的技能來保護他們的財富。創造財富是一回事，增長財富是另一回事，而確保你不會失去財富又是另一回事。這三種能力少了任何一個，他們現在就不是富豪。

最後，讓我引用喜劇演員史提夫·馬丁的話：

> 我愛錢。我愛金錢的一切。我買了一些很不錯的東西。買了皮革做的水槽。電動狗狗拋光機。用汽油當燃料的高領毛衣。當然啦，我也買了一些很蠢的東西。

104

把看影片轉換為賺取財富

這個想法簡單而有力，會大大提高財富的第五種形式：每天你可能會花好幾個小時看沒多大價值的線上影片，不如把這些時間都換成生產力，為其他人類創造深遠的價值。

也可以說，用那些時間來閱讀，增加能貢獻給市場的知識及專業能力。或許你可以利用空出來的時間書寫，在日記裡寫下你偉大的理想、最激勵人心的目標及生動想像出來的生活方式。或許可以用本來要浪費的時間來增進體能、追求特別熱愛的目標或建造更良好的人際關係。

你可以用這些額外的時間開線上課程，教導你最喜歡的主題（或許最後能幫到地球各處的人），開發轟動整個產業的應用程式，成立新創公司來推行某個活動，或寫出給人愉悅感的劇本。總有人做得到，為什麼不能是你？現在不做的話，什麼時候才做？

更好的是，你可以用閒散的時間與另一半到自然中活動，探望爸媽，或與好友聊起有趣的事。

人生一眨眼就過了。浪費掉的時間永遠拿不回來。數位裝置確實很好玩，但要讓人生華麗、富裕及真的很豐富，為世界的福利貢獻己力，才是更充滿喜悅的遊戲。

105

做了不開心，為什麼要做？

拜託別寄這樣的訊息給我：「人生很難，你過得很輕鬆，我們都有帳單要付，不可能活得像你建議的一樣。」

我懂人生很難。你不知道我受過什麼苦。

你聽了可能會很驚訝，我也有帳單要付，一堆要履行的義務，疲憊的肩膀上承擔的責任絕對超乎你的想像。

在這一段，我只想說：為什麼要做你不喜歡的事情？

我以前常對世界各地的財星500強客戶簡報，一講就是一整天。前往全球各地，在大體育場裡談論領導力及掌控變化，在組織的各個層級培養出績效頂尖的無頭銜領導者——就這樣過了很多年。

然後我到了一個地步，站在台上度過的漫長時光失去了興味。我甚至一早起來就開始害怕要一路講到下午的簡報。

有一天，我和朋友在紐約市，曬著太陽吃午餐，朋友說：「那麼，對你剩餘的演講生涯，為什麼不把主題定為你想做的事情呢？」

遊戲規則就此推翻。生命在那一刻出現變化。激進、簡單而非常美麗的洞見。

我就照做了（你不知道自己有多大的力量，也不知道你有那麼多選擇，即使在當下你認為自己兩者都沒有）。

我開始推卻耗費一整天的邀請，回到我的最愛：七十五分鐘的主題演講。結果呢？拒絕了百分之七十的邀請後，我重拾喜悅。然後呢？我並沒有因此流失客戶，還收到更多的邀請。

在業務的其他領域，我也做了同樣的決定。

……我拒絕與讓我耗竭能量的人共事。

……我解雇了那些找藉口、帶來問題、承諾過高但實際上做不到的供應商。

……我避開會玷汙快樂的那些事務。

只做那些能為喜悅添加燃料的事（也是我最擅長的事）帶來哪些奇妙又有點怪的後果呢？

我們的企業成長了。我吸引到更高等級的客戶。想要展現精湛技藝、發揮創意並加入同樣使命的新團隊成員來敲門，和我們一起讓這個寶貴的世界變成更光彩奪目的地方。

在我個人的生活中，靈感、熱情和自由都急遽增加。

你學到了什麼寶貴的功課？按著你的條件來創造你的事業。你的日子有限，不要過得不快樂。

106

招募已故的董事會

沒有一個人能獨力成功。菁英運動員都有教練，因為教練會敦促他們超越常規的限制，以達成巔峰的成果。教練的英文「coach」本是馬車的意思，大約在一八三〇年，牛津大學首次有人把這個詞當成指導的意思，當時是一個俚語，指帶領學生完成某個科目的導師（就像搭乘馬拉的馬車）。因此，教練這個角色會把一個人從學習的起點運送到他們期待到達的地方。

在你想停下來的時候，好教練會鼓勵你繼續，展示達成目標的捷徑來幫你節省時間，並要你承擔責任，你才不會在沒有履行承諾時找藉口。

當然，出色的導師需要付出成本。如果你目前的狀況不允許你投入這筆資金，我有我的解決辦法：不要找在世的教練，找一位故去的。真的，我不是在開玩笑。

我從許多早已離世的老師身上獲益匪淺，這些老師多到我不能全部記住。多年來，我誠懇地向曼德拉（Nelson Mandela）學習如何在日常中展現英雄氣概，向羅馬皇帝馬可・奧理略（Marcus Aurelius）學習持續一生的智慧，讓德蕾莎修女（Mother Teresa）指導我僕人式領導，向莎士比亞學習工藝，向班傑明．富蘭克林學習品格培養，向第一位飛越大西洋的女飛行員愛蜜莉亞．艾爾哈特（Amelia Earhart）學習勇氣，向斯巴達國王列奧尼達（Leonidas）學習把麻煩轉為勝利，向米開朗基羅尋求藝術技巧的建議，向作家以撒．艾西莫夫（Isaac Asimov）學習成就大事（他一生寫了五百本書，相較之下我只能算是業餘作家），還有向藝術家佛羅倫斯．斯科維爾．希恩（Florence Scovel Shinn）、作家約瑟夫．墨菲（Joseph Murphy）、醫生麥斯威爾．馬爾茲（Maxwell Maltz）與詩人紀伯倫尋求形上學及靈性的建議。

這些人及其他諸位偉人對我來說，像不出聲的顧問委員會，透過他們的回憶錄或自傳，或從他們充實的人生汲取靈感的書籍中，我學到他們深刻的見解。所以，我也建議你組成你自己的已故董事會。

107

靜坐尋找富裕的創意

作家拿破崙·希爾在他寶貴的經典作品《思考致富》（*Think and Grow Rich*）寫到一位發明家，他致富的做法非比尋常。

他準備了一個房間，讓自己去裡面「靜坐尋思」。

房間裡空蕩蕩，只有一張桌子和一把椅子。燈一向是關著，這位發明家進了房間，閉上眼睛，等到有創意的智力送來解決辦法，讓他處理掉想透過自己的發明來解決的頭號問題。

在這個時代，我們很少人能有孤單的時刻（即使身邊沒有人，我們還是帶著手機），你不如做一個特別的人，擁抱靜思獨處的力量。

前往你的寧靜之地。關上門。把燈關掉。坐等想法，能讓你為人類最急迫的問題想出很棒的解決方案。你的創意和巧思都會得到不錯的獎勵。

讓我想到法國數學家布萊茲·帕斯卡（Blaise Pascal）說過的話：「人類的問題全都源自於一個人無法獨自靜靜坐在房間裡。」很有道理，對吧？

108

日日祝福你的金錢

今天早上，我起得比平常晚。完全不屬於《清晨五點俱樂部》！我最近的鍛鍊強度比較高，所以需要休息更長的時間；那當然不是問題。只是不要落入陷阱，搞混了偷懶和修復。

不過，我還是說重點吧。幾年前，在倫敦市中心一家滿是灰塵的古老書店裡，我找到一本書，書名是《釋放你心中的魔法》（*Bring Out the Magic in Your Mind*）。很久以前的書，作者是艾爾．古蘭（Al Koran），當時大家叫他「全世界最有出色的心靈魔法師」。有一章的標題是〈財富的祕密〉，他寫道：

> 把金錢送出去的時候，記得一定要祝福你的錢。請你的錢去祝福它遇到的每一個人，要求它出去後餵飽飢餓的人，讓赤身裸體的人有衣服穿，然後要求它加乘一百萬倍後回到你身邊。不要看過就算了。

在接下來的幾天，何不試試這位作者奇怪又有意思的建議？然後看看有什麼結果。

買食品雜貨時，默默祝福把這些食物帶給你的人：種植的農人、收成的勞工、運輸的卡車司機及銷售的收銀員。

修完車準備要付費，何不默默感謝所有製造零件的工廠工人、負責運載車輛的人以及讓車子恢復運轉的技師？

從書店買書的時候，祝福賣書的人，享用咖啡時，讚美咖啡師。你懂我的意思吧。只要毫不受限、充滿熱忱地散播感恩，就能提振生命，並增加你的財富。

正如永恆的真理教導我們，那隻給予的手也是收穫的手。

109

做好人，很划算

昨天我在巴西的聖保羅發表主題演講，聽眾非常熱情，有一萬一千名頂尖的領袖。我提到要有指數級的成功，就必須要利用高速度的變化。我說，夢想愈大，團隊愈重要。我指出，最棒的領袖會培養更多的領袖，他們是僕人型英雄，重視別人的成長與福利，勝過自我的需要。我也提供一個想法，我們讓自己變得更有智慧、更勇敢、更健康、更值得尊敬，我們在商業上的成果也會更卓越。因為內部的動向會決定外在的開展。要改變世界，我們必須先讓自己變得更好。

演講結束後，一位很有禮貌、衣著考究的男士走過來，他一身清爽的灰色西裝，黑色的鞋子閃閃發光，宛如完美的夏日，問我有沒有幾分鐘可以回答他的問題。

「當然可以，請問有什麼問題？」我問。

「我公司得到私募股權的投資，我需要快快增長利潤，好讓他們開心。我很喜歡你說的，行動的方式要對社會有益，也要對我們的公司有利，你說『讓薪水也有社會意義』，以及世界級領袖如何『找到比自己更重要的志業』。不過，其實很不實際。羅賓，很抱歉，這是我的想法。」

唔。做一個極為正直、誠實無瑕、品德堅強且內心高尚的人，不僅對你的靈魂有益；對事業的經濟引擎也絕對棒透了。說老實話，當大家都深深尊重及完全信任的人，在我心目中具有至高的競爭力。

做好人，很划算。身為領袖，做優異的事，也會看見優異的結果。

發自內心相信你的事業，願意盡一切努力好好照顧周圍的人，並同時幫助顧客實現夢想，幾乎就能保證你的名聲上揚，你的團隊會保持忠誠，你的顧客也會從一般的客戶轉變為狂熱的追隨者。如果有人從你和你的團隊得到鼓舞及喜悅，他們會告訴每一個自己認識的人你們做得有多好。

底線自然就隨之增加，大幅度增加。

這位先生的評論含有假設：工作時不看重自我、更注重榮譽、全心奉獻，來造福他人，會讓他賺的錢變少。錯了。

真相恰恰相反。服務時帶著莊重、優雅、高超技藝及尊嚴，他的經濟及心靈都會變得很富裕。

領導時帶著關懷、赤忱、正派和愛（哇，我說出這個詞了！）會讓你的團隊、顧客、供應商和投資人都愛上你。並盡自己的能力來保護你。

人們會跟喜歡的人做生意。我們會把生意交給信任的人。碰到能讓我們覺得很特別的人，每個人都想獻上自己的忠誠。

對參與領導力演講的那位先生，我回覆了以上這些想法。他誠懇地點點頭。我不確定他是否完全同意我的話，然後他握了我的手，走進擁擠的人群裡。

110

成為非常謙遜的領袖

大師級的人物總認為自己是學徒。專業人士總保持著業餘者的心態，渴望學習、改進和進化。前面討論過這個概念了，但是很重要，所以我要再強調一次。如此在輔導結束後，你仍會清楚記得。

在自己的領域裡變成專家，非常危險。為什麼？因為，所有的專家都會落入陷阱，相信自己什麼都知道。他們因自己知道的而感到極為自豪，也因此再也不情願改變自己的想法。再也不去學習、準備、努力、創新和改進。所以他們安於現狀，以為自己已經到了頂點，會自動留在頂點。這種傲慢就是末日的開端。

我鼓勵你，在成功中上升時，吸引到更多的金錢，這時要盡一切努力保護你的謙遜。要維持精湛的技藝，就一定要謙虛。最偉大的領袖通常不會覺得自己很了不起。我並不是說要避免拉抬自我價值。在我們的文化裡，太多人吹噓自己的天分——所以我想建議你，保持安靜。也要保持開放的態度。

現在，你可能不覺得自己是領袖，但事實上你就是領袖。多年前，我寫了一本書叫作《沒有頭銜的領袖》（*The Leader Who Had No Title*）。真的，你不需要地位就可以領導，不需要辦公室就可以發揮影響力，不需要正式的主權就可以造成衝擊。

我的一個孩子還很小的時候，我問他當領袖是什麼意思。他的回覆令人難忘：「爸爸，在學校裡，要去遊樂場的時候，我們排好隊，走在最前面那個就是領袖。但是很酷喔，每天都換一個人站到最前面。所以班上每個人都可以當領袖。」

但是，沒有頭銜的領袖並不是這段輔導訊息的重點。我的要點是溫和地提醒你，對於你追求的技能、你做的工作和你過的生活，都要保持謙遜。因為最謙遜的人最偉大。

這又讓我想到一個銘記於心的故事，主角是松下幸之助（Konosuke Matsushita），他創辦了普及全球的松下電器（Panasonic）。

有一天，他要去東京市中心的牛排餐廳用餐。餐廳的員工戰戰兢兢，鼓足全力，因為他們知道日本企業的一位代表人物即將到來。

在全場每一雙眼睛的注目下，著名廚師精心烹飪的完美牛排上桌了，放在這位電子業名人面前。松下幸之助吃了幾口為他準備的牛排，但留下了一大半。

從廚房觀察的人一臉沮喪，也有點難過。他們覺得自己沒能讓他們尊敬的顧客留下好印象，也把這件事當成個人的敗績，沒能提供美味的餐點。

這位商業鉅子請廚師出來，餐廳團隊更緊張了。大家都以為要失業了，餐廳的名聲也毀了。

可是，結果完全出乎他們的意料。

主廚從廚房裡出來，松下幸之助低下頭，用他蒼老而微弱的聲音說：「請原諒我。您的食物非常美味。我年紀大了，所以吃得不多。我只想告訴您這件事，免得您以為我不喜歡這道精緻的美食。感謝您，也謝謝您認真的團隊，提供慷慨好客的服務。」

在沒有頭銜時擔任領袖，創造出你感到最真實、最誠實的財富，我贊成你保持腳踏實地。在上升時，要變得更謙虛、更願意學習。聆聽。發明。做到最好。服務。絕對、絕對不要炫耀。那是很沒禮貌的態度，也會貶抑你的偉大。

實踐我的建議，你一定會在頂端停留很久。說到成功，主要的目標並不只是達到成功的境地。而是要維持。一般的生產者都渴望達到巔峰。傳奇人物則會在整個事業生涯中都致力於留在頂端。好讓後來的世代知道他們曾到過那兒。

我親愛的父親常說：「羅賓，結出最多果實的樹會彎得最低。」在接下來的幾個小時，好好思索這個道理。在眾人不辭辛勞地展現他們有多聰明、多強和多富有的社會裡，更要當謙遜的領袖和接地的人類。

111

報酬率最高的投資

股票、貴金屬、國庫券和房地產。投資人多半會選擇這些標的。

很好。但是，如果你真心希望投資能得到重大回報，我建議你多投資一點在自己身上。打造出最好的自己，就是你最好的投資，報酬率是很多很多倍。

現在很流行說「自我照顧」，或歸類為「個人發展」，或總結為「人的最佳化」。不管用哪一種標籤，把專注力、精力、知識和時間投資在提升思維模式（你的心理）、淨化感情模式（你的情緒）、校準健康模式（你的身體）與升級靈魂模式（你的心靈）——在我的方法論中稱為「四大領地」——絕對、毫無疑問、無須爭辯，就是你能做的最佳投資。能獲得最高的回報。

每天在晨間閱讀、肯定、規劃及冥想、視覺化和祈禱，加強你的思維模式，可以大幅提升你的心靈專注、創意、正向、恢復力及生產力，還有整體的平靜感（心如果不安，耗費的成本最高）。

透過感恩、靜默時間、寫日記、與治療師合作、定期接受身體工作、在自然中步行及催眠（隨手舉一些例子），增進感情模式的健全度，會顯著強化個人及專業上的人際關係（因為你的情緒智商上揚，對他人的同理心更為鮮明），碰到壓力時反應不會那麼大，能把痛苦轉為力量，把恐懼轉為多種財富的形式。

每天早上運動流汗、吃乾淨的飲食、補充適當的營養品、審慎安排斷食、（適量）曬太陽、呼吸新鮮空氣、小憩和充足的睡眠，提升健康模式，會讓你的精力、耐力、幸福與績效出現爆炸性的增益，也能明顯延長壽命。

透過敬拜、花時間深思、研讀勵志書、寫下你希望成為的模樣，以及為他人服務，增強與靈魂模式的親密度，個人的英雄主義會成長，智慧也會大大拓展。

所以讓我再說一次來強調重點：你的人生一定會反映出你的樣子。在你升高的時候，外在條件也會增加，符合新的人類偉大程度。我知道這些話聽起來很深奧，很不切實際。但其實非常貼合實際。讓你變得更好，你的收入、影響力和衝擊力也會全面改進。

我們的文化教導的正好相反。我們得到的教導要我們相信，獲得了世俗的勝利，我們會不知怎地覺醒，感受到作為人的勝利。真相並非如此。

通往成功的門戶向內開啟，不是向外。每天照顧你的四大領地，用這樣的投資創造出宏偉的內在生活，外在的結果會提供豐厚的報酬。

112

提出價值十億美元的商業問題

我建議我的客戶多問顧客一個問題，很簡單。這個問題讓他們聯合起來賺了數十億美元。本著助人的心情，我要分享給你。問題是這樣的：

「謝謝您告訴我您在我們這裡有什麼喜歡的體驗。接下來，請告訴我有哪些不喜歡的地方，如果您是我的話，會用什麼方法改善這些問題呢？」

就這麼簡單，但說真的，也非常有價值。相信我。

生意人通常沒有勇氣向使用產品及服務的人徵求回饋和有建設性的意見，即使這些資訊就像純金，會讓他們和生意變得更好、更成功、更持久。

對了，問完問題後，要傾聽。我看到很多人一聽到顧客給了他們要求的回饋，就急著為自己的問題找理由和找藉口。千萬不要這樣。問問題，然後保持緘默，讓買家能分享所有的見解，等你採取行動，這些洞察會讓你的業務來到全新的成功高度。仔細聽完第一個答案，再問：「還有其他的嗎？」讓顧客分享更多極為寶貴的資訊。

價值十億美元的商業問題簡直就是魔法。為什麼？因為大多數人都深受一種痛苦的折磨，也就是恐懼受到拒絕。我們只想聽到正面的回覆。消費者可能會說和你做生意有什麼喜歡的地方（因為大多數人痛恨衝突，他們會說出你想聽到的好話），然後就走了，再也不會回來（如果他們的消費體驗有不愉快的地方）。然後他們把不喜歡的地方說給鄰居聽，分享給幾千個虛擬朋友——在這個過程中毀掉你的名聲和品牌。如果只聽正面回饋，不繼續深入，就錯過了所有的寶藏。

113

靜靜崇拜討厭你的人

沒錯。我很奇怪。我不光鼓勵你祝福你的金錢，我現在還要逼你崇拜討厭你的人。

我很珍惜我的競爭對手，我感激傷害我的人，我向批評我的人致敬（還好，這些人為數不多）。

我真的很喜歡namaste的概念，這是印度的傳統，碰到另一個人的時候行合十禮。雙手合攏的手勢表示「我向你內在的神性致敬」。想想看，對每個人內在的神性（即天賦和善意）致敬會是什麼樣（不過我同意，有些人的似乎被鎖起來了）？

我常常在醒來後，用一點時間祈禱家人、朋友、團隊和我鍾愛的讀者們享有健康與幸福。

再接著祝福那些在低潮時支持我的人。在我受傷時伸出援手的人。在風暴及烈火中與我站在一起的人。

我持續這項例行公事，祝福我的客戶、我的鄰居和我的同胞。在我上台前，我甚至會祝福那個空間和裡面的聽眾。所以每一個我遇見的人都能感覺到我帶著鼓勵的正能量。

不過，重點來了：我也會把最真誠的期望送給不太值得的人。負面思考的人、網路酸民、只會需索的人，及那些希望我不好過的人。

我默默送出光和愛，誠摯地祈禱，把祝福送給那些讓我悲傷的人、那些對我不公平的人，以及盡力讓我過得很悲慘的人。

這個祝福讓我變得更強。幫他們增長智慧。我也真心相信，要是每個人每天早上都做這件事，地球會更加光明。

114

貪婪的人不快樂

搭私人噴射機的人睡不著，直到他又買了三架私人飛機。擁有整座島嶼的女人感覺不到滿足，直到她買下周圍所有的島嶼。有了十億美元的商業大老想要一百億美元。你知道我給這些人什麼稱號嗎？上癮的人。

你知道擁有這麼多卻覺得很少的人是什麼嗎？貪婪、貪婪、貪婪的人。

我們很容易認為物質這麼豐足的人會很快樂、很快樂、很快樂。

貪婪的人永遠不快樂，不管外在過著什麼樣的生活。旁觀者可能覺得他們什麼都有了，生活令人目眩神迷。

其實，大多數人很不快樂。為什麼呢？你問。因為，對他們來說，什麼都不夠。一到達某個頂峰，他們就急著開始爬下一個。他們從不享受和細品勞動的成果。每件事都是比賽。一切都是要超越其他人的競爭。要努力贏過其他人的一場長期競賽。

這種生活方式不明智，也享受不到成功與平靜。請你盡一切努力避開。

115

重視關係，而非交易

「照顧好人際關係，金錢就會照顧好自己」，這句真言值得背下來（也很值得劃線）。

太多企業只想要搶錢，而不是長期的營運。

我輔導的一位新創公司老闆用不到十二個月的時間就變成超高淨值人士（UHNWI），他說最近去了熱門旅遊城市一家很有名的餐廳。進去不到五分鐘，服務生就要求他點餐。不到十分鐘，食物就來了，好讓他們可以快速翻桌，換另一桌客人用餐。

他當然再也不會去那家餐廳了。永遠不會。想想看，如果這位客戶、他的家人和朋友變成這家餐廳的常客，他們可以賺多少錢。過了幾個月、幾年和幾十年，就會累積到數以萬計。這還只是保守的估計（他很愛昂貴的紅酒）。

他才剛搬到那座城市，他說如果得到良好的款待，打算每個星期去幾次，而且會給豐厚的小費。

都沒了！因為餐廳老闆在意的是交易，而不是與選擇出現在這家餐廳的人建立良好的關係。他把人當成貨物，不覺得發展人際連結是一種機會，可以為他和其他人帶來快樂，同時增加他的營收。

今日，每一個活著的人都別著看不見的徽章，高喊著「讓我覺得我很重要」。在這個機器的時代，我們都渴望豐富的人際關係，讓我們感受到歸屬及單純的善意。這樣的運作對你的收入絕對有幫助，對身心健全也非常有益。

116

關於致富的十大好書

到億萬富翁等級的客戶家中作客，吃完晚餐後他們常邀請我到書房繼續對話，向我展示他們的藏書，我最常看到的十本書（或客戶告訴我，在建立經濟帝國過程中最有幫助的書）如下：

- 詹姆斯・艾倫（James Allen）《你的思想決定業力》（*As a Man Thinketh*，後英文版修訂更新書名為 *As You Think*）
- 拿破崙・希爾《思考致富》（*Think and Grow Rich*）
- 戴爾・卡內基《卡內基教你跟誰都能做朋友》（*How to Win Friends and Influence People*）
- 藍道爾・瓊斯（Randall Jones）《城裡最有錢的人》（*The Richest Man in Town*）
- MJ・狄馬哥（MJ DeMarco）《快速致富》（*The Millionaire Fastlane*）
- 約瑟夫・墨菲（Joseph Murphy）《如何吸引金錢》（*How to Attract Money*）

- 肯恩・費雪（Ken Fisher）《10條路，賺很大》（*The Ten Roads to Riches*）
- 大衛・舒茲（David Schwartz）《就是要你大膽思考》（*The Magic of Thinking Big*）
- 費利克斯・丹尼斯（Felix Dennis）《這一生要做有錢人》（*How to Get Rich*）
- 狄帕克・喬布拉《人生成敗的靈性7法》（*The Seven Spiritual Laws of Success*）

絕對每一本都要讀，並記著，最愛學習的領袖就是贏家。

117

賺一百萬元，幫助一百萬個人

有幾項改動會顯著增加你生命中的金錢流動……

……釋放過去，來改寫你的命運。

……從持續的娛樂躍進到持續的教育。

……從無盡的忙碌上升到慢速、集中且豐富的生產力。

……從與人競爭轉為與之前的自己競賽。

然而，說到累積財富，若能從消費者轉為創造者，可說是更有力的變動。地球上前幾名的富豪伯納・阿爾諾（Bernard Arnault）說過：「金錢只是結果。不要擔心獲利能力。把你的工作做好。讓其他人過得更好。獲利能力就來了。」

說得更清楚一點：每一位創建帝國的人都會製造大多數人消費的物品（我認真建議，把這句話讀兩次）。

懂了嗎？你能解決的問題愈大，能幫到的人愈多。你也已經明白：創造了價值，為市場送上魔法，報酬就是金錢。要賺一百萬元，服務一百萬個人。要成為億萬富翁，幫助十億個人。

那麼，你就必須放棄滑手機看朋友的動態、不再看低價值的影片，也要做有意義的事。

降低消費。不再買每一樣吸引你的物品。少用不需要和不喜歡的東西來堆滿住家和儲物空間。相反地，從你大膽的想法、天生的才華及令人驚嘆的血汗產權中，正向地創造、累積和產生某樣東西。

這就是為什麼你其實可以選擇把增加財富看成一種心靈上的追求。真心用自己的精湛技藝、巧思和卓越來服務他人，會讓他們的生命更豐富，而在過程中讓你看見自己隱藏的才華及天賦，（利用創新）減少世界上的問題，讓你深深感受到意義，提升你的財務自由度。多麼完美！

或許，下面這句史蒂夫・賈伯斯說的話很適合用來結束這一段財富第五種形式的訊息。他說：「我並不在乎我是不是墓地裡最有錢的人。上床睡覺時，可以說我們做了一些很棒的事，在我心目中才是最重要的。」

財富的第六種形式

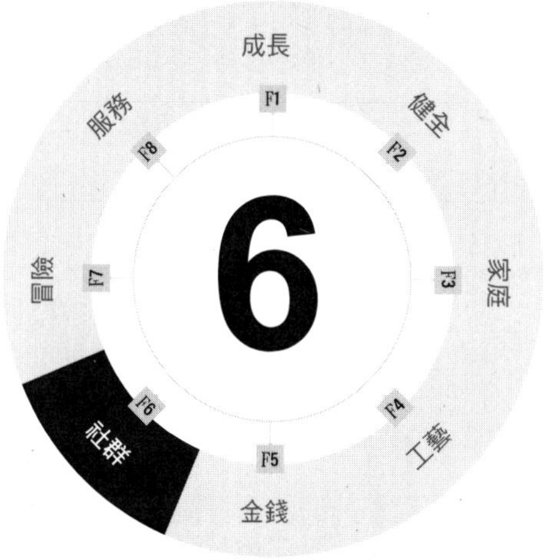

社群

你成為你的社交網路

聰明的人通常不像一般人有那麼多朋友。
人愈聰明，愈會認真挑選。
——尼古拉．特斯拉

財富的第六種形式

社群｜概覽

在我心目中，社群不光是你居住、購物、用餐及散步的社區和附近的區域。在我們即將一同探索的這一節裡，我用「社群」來描述範圍更廣的社會團體及人類部落，有了社群，我們的存在才會更有意義、更歡樂和更豐足。

很多人常說「人脈決定淨值」，這句話需要補充，你的社群和來往對象也會提高你的*自我價值*。在個人的圈子裡有更多善良又了不起的人，你對自己的感覺也會更好——還有這一生你可以做的事、可以擁有的東西、可以變成的模樣，也都會更好。

投資在極佳社交圈這種貨幣上，你會得到好幾種獎賞。別人立下的美好榜樣會提升你。總有一群很棒的人會支持、鼓勵和擁護你。有需要的時候，總能得到協助，在你最意想不到的時候，有一群人可以依靠。先前關閉的門會為你開啟（因為你的朋友和同盟也有他們的朋友和同盟），隨著其他人開始把你介紹到他們信任對象的人脈裡，更大的成功機會也開始出現。同樣地，光是與傑出的靈魂產生情感連結，你的生活就會更快樂、更健康、更有成就感——也更多采多姿。

的確，只要和一位鼓舞人心、充滿智慧或慈悲為懷的人進行一次交談，就會改變你對世界的看法，重新調整你展現給世界的模樣。因此，慎選社交網路裡的朋友。這是一種很重要的財富形式；也會決定你能否享有最富裕的人生。

118

選擇更光明的社區

如果你是這一帶好奇心最強、最熱情、最快樂的人，或許是時候找個新家了。如果你比你認識的人都還要聰明，或許你該認識新朋友了。如果你是社交圈中最有遠見和創造力的人，或許該重建你的社交圈。而且，如果你是社區裡最聰明、最勇敢、最和善的人，那我真覺得你應該搬家了。搬去一個全新的社區。

當然，這只是我的建議。和更厲害的人一起上場，你也會表現得更好，對吧？

我很喜歡《天菜大廚》（Burnt）這部電影。內容講述一個有心魔的米其林二星主廚，放浪的他一度是巴黎餐飲界的寵兒，但為了戒毒，不得不前往小地方的餐廳，在那裡開了一百萬顆生蠔——這是他選擇的懺悔方式。

有一個鏡頭是這位明星大廚在競爭對手的廚房裡，對手難得露出脆弱的表情，承認道：「你比我厲害。所以你是第一名。我們這些人需要你帶我們去到原本不會去的地方。」

要認識真正的財富，你必須被優秀的人包圍。跟那些思考、生產、生活和愛都優於你的人做朋友。這些人會帶你去你沒想過要去的地方，把你抬升到你本來無法觸碰的境界。

119

過英雄的人生

我很喜歡問那些來找我輔導的領袖們一個問題，以升級和完善他們的人際關係宇宙：「如果有可能，你想要過誰的生活？」

答案總能讓他們更能看清自己理想中的社交網路及個人生活方式，因為我們周圍的人鮮明示範了我們所能獲得的結果。

在這裡，請暫停一下，想想你的答案。你想當一天的羅莎・帕克斯（Rosa Parks，美國民權運動者），還是當一個星期的林布蘭（Rembrandt，荷蘭畫家）？當一個月的亞歷山大大帝，或以聖女貞德的身分活一年？

還是想試試看小馬丁・路德・金恩、約翰・甘迺迪、曼德拉或甘地的人生？也有可能想到餘生過著石油大王洛克斐勒或沃爾瑪創辦人山姆・沃爾頓（Sam Walton）、米開朗基羅或美國作家哈波・李（Harper Lee）、流行音樂巨星王子或女神卡卡的生活，你就熱血沸騰。

如果你跟我一起坐在農舍的露台上談論你的未來，沐浴在托斯卡尼的陽光裡，我不確定你會夢想變成哪一個人。但我很清楚：你的思維確實是會自我實現的預言。你絕對不會達成你想都沒想過的結果。

120

說到做到

非常簡短的訊息：當你告訴社群裡的人（不論是誰）你要做某件事，就去做！就這麼簡單。卻這麼少見。每個與你互動的人都會覺得你很可靠、很有信用，並留下深刻的印象。你會脫穎而出，而不是消失在群眾裡，像機器裡的齒輪或群體裡的追隨者。

……你說你要跟進一項企劃，在你承諾的時間準時聯繫對方。

……你告訴朋友他生日的時候要請他吃飯，你訂了餐廳，也真的帶他去好好吃一頓。

……你對伴侶或孩子說，你要給他們一個特別的晚上，然後很審慎地規劃，排好時間（安排好時間的事情才有機會達成），最後帶他們出門，完成計畫。

沒錯！成為貫徹大師，以及守住承諾的魔法師。

我們太常看到人們打破自己的承諾。你很容易許下太多承諾，因此陷入不知所措的狀態，無法履行自己的諾言。我想建議你，每天都練習不要過度承諾。相反地，承諾少一點，履行多一點。對每個你有幸能納入朋友圈的人，都應該如此。

121

建立智囊團聯盟

我一直在找對我很有用的方法，其中一個就是成立智囊團聯盟。這個團體包括至少兩個人，定期碰面分享重大事項的進度，鼓勵彼此繼續前進，針對有挑戰性的問題提供解決辦法，進行有意思的對話以推動成長，讓你過得愈來愈好。

多年來，每個星期五早上六點，我會跟我的智囊團夥伴在咖啡廳碰面，暢聊兩個鐘頭。有時候我們會帶喜歡的書送給對方，把計畫和目標寫下來給對方看，例如學習新事物、增進體能、發動新的創意計畫，或啟動新的心靈目標。

我們在一起的時間充滿笑聲，分享彼此的故事，有時候甚至會流淚——在度過生命中難關的時候。我愈來愈珍惜星期五與智囊團夥伴的聚會；後來我們不去咖啡店，改去森林裡邊散步邊聊天。我很喜歡我學到的東西，很感激夥伴給我的鼓勵，也記得那些時光帶給我的感受，能與性情相通、世界觀也差不多的人對話。

你也一定要成立你的智囊團聯盟。不到一年，你就會覺得能早一點開始就好了。所以，何不今天就開始？

122

史蒂芬．金沒寫的感謝函

心懷感激、誠摯寫出的感謝函或許有潛力可以改變世界。我不是在開玩笑。

遞送感謝函是我的日常。用很好的紙張。用鋼筆書寫。有些要花半小時才能寫好，因為我很用心思考內容。我記得有一位執行長養成了習慣，每年十二月都要送出五千張耶誕卡。他六月就開始寫卡片。人們可以感受到他有多重視這些耶誕卡。在我認識的人裡面，這位大老的財務、社交、內在和心靈都是數一數二地富裕。

我買了一台跑步機，可以在家裡跑步，沒想到這台機器好好用。所以我寫了一封信給製造商的老闆，感謝他幫我保持身材，可以盡力奔跑。還有感謝他讓這麼厲害的產品進入宇宙。

幾個星期前，我在一家很特別的餐廳吃飯。簡單的佈置，提供用柴火烹調的在地食材。好神奇！我讚嘆不已，也寫了一張感謝函給主廚。謝謝他做出令人著迷的食物，讓我的生命更好了一些。

我正在讀《我的人生故事》，這是暢銷小說家詹姆斯．派特森的回憶錄。有一章的標題是〈史蒂芬・金謀殺案〉，派特森說他寫了一個短篇故事，用了這個標題。史蒂芬・金的粉絲說：「拜託不要出版。」他們覺得可能會危害史蒂芬・金的安全（史蒂芬・金的妻子塔碧莎就曾碰過闖入他們家的瘋狂粉絲）。

派特森答應了。他的出版商利特爾布朗公司（Little, Brown and Company）撤回了整批的印量。這位作家又說：「沒有人因此感謝我，我猜他寫不出感謝函吧。」

送感謝函給做好事的人。表達感激之情。讓他們的生活增添一點開心。也讓你的生活更為豐富。

123

因果報應不神祕，很貼合實際

諺語說「吃力的事就交給因果，成功才是你的復仇手段」，很有力量，又很實用（我對復仇其實沒什麼興趣；我覺得那只是浪費注意力、精力和時間）。

我來到地球上的時間已經夠長了，明白做好事的人會碰到好事。那些虧待別人的人，最後總會碰到沒那麼好的處境（順帶一提，讓你痛苦的每一個人，早晚會因為他們對你做的事而覺得不好意思、羞愧或難過；請相信我）。

總之，宇宙的會計系統井然有序，所以我們一定要光明正大、誠實守信，並給予社交圈內每一個人他們應得的尊重。展現正直與慷慨，展現在你面前的也是正直與慷慨。要得到尊重，你需要先尊重別人，對吧？

讓業力為你帶來奇蹟，在你的日常生活中累積社群的財富，有一些實用（又簡單）的方法：

……住飯店的時候，為清潔人員留下豐厚的小費。他們可能是別人的父親或母親，他們的工作也不容易。

……到購物中心用餐時，把美食街的托盤送回該放的地方，並保持整潔。

……在大自然中散步時看到垃圾，把它撿起來。有機會展現個人的領導力及非凡的正直品質時，絕對不要錯過機會。

……借來的東西要歸還（書、毛衣、金錢，或善行）。你的好名聲無法定價。

……（如果你開車）把車停在公共停車場時，車子要停好，讓別人可以停進隔壁的車位（最近看到好多人會佔用兩到三個車位）。

……如果犯了錯，第一個道歉，因為與其一直認為自己沒錯，不如在人際關係中保持快樂。

沒錯，希望別人怎麼對待你，就用同樣的方式對待他們。美國詩人埃德溫．馬卡姆（Edwin Markham）指出：「我們已經牢牢記住己所不欲勿施於人；現在，也要付諸實踐。」一旦做到了，也要貫徹執行以達到精熟，賞賜給你的金子就是深刻、廣闊且美好的人際關係網，如最晴朗夏夜天空中的流星閃閃發光。

124

記住「所愛之人正在消失」法則

告白：我不僅愛我的家人，我也愛我的好友、我有幸能夠共事的優秀團隊、聘請我擔任教練的客戶、預約我進行主題演講的公司，及讓我可以寫書超過四分之一個世紀的讀者。

我的運作法則對我來說很有用，所以我也邀請大家來遵循：善待你遇到的每個人，彷彿這次碰面就是最後一次。因為人生總有意外、損失和緊急事件。

與愛（或喜歡）的人在一起，保持在當下，保持真誠，鼓足你的生命力——而不是滑手機（面前有人類的時候，千萬不要低頭看你的數位裝置。一點都不酷，很沒禮貌）。因為，在你最意想不到的時候，有人死了。或許沒那麼戲劇化，但同事會離職、終身伴侶會變老、小孩會長大。大多數人把最親近的人視為理所當然，直到失去這些人。

來說個故事。有一個很特別的人，他個性有趣、性格鮮明、心胸廣大，他會送我去一間農舍寫作，農舍所在的國家總能讓我文思泉湧。最近一次造訪時，有張新面孔來迎接我。

我問我的朋友怎麼沒來。「他不能來了，」對方回答。這位新朋友停頓了很久，才說：「他在幾個月前過世了。有一天他去釣魚，突然倒在地上，再也沒醒過來。我們現在想到仍不敢相信。他才三十七歲。」

所以，記著人生會有變化，人會突然消失。讓你的社群更豐富，為你的時光增添真正的財富，善待每一個人。未來，在某一刻，你會很高興你曾好好對待每一個人。

125

能交朋友，為什麼要樹敵？

有一天我搭飛機到印度德里，晚上因為睡不著，我看了電影《亞瑟：王者之劍》（King Arthur）。我學到了很重要的功課，所以今天要跟大家分享。

基本上就是：能交朋友，為什麼要樹敵？

寫這段輔導訊息時，我人在倫敦。在光線充足但設計古怪的飯店房間裡，背景放著帕華洛帝的歌曲。昨天去了我一直都很愛的泰特現代藝術館（Tate Modern），沿著泰晤士河走了幾個小時，和老朋友同啖美食（他人其實不老）。

在生活和工作中，總會有事，對不對？出現矛盾。有人做不好的事。最終讓你感到痛苦的事。也讓你覺得悲傷。

我要給你的第一個建議是，原諒他們。在那個時刻，他們覺得自己的行為有道理。如果他們的意識能提高，他們會表現得更好。所以，對，原諒他們。也要知道，原諒某人的惡行，不代表要忘記。寬恕的行為不等於縱容。只代表你了解，在他們的知識範圍內，他們在那個時候盡力了。因此，你可以放下，繼續過你寶貴的人生。因為生活的重點是活著的人。

第二個建議是原諒你自己。你是人，如果反覆思考他人令你感到沮喪、難過、失望或憤怒的作為，當然沒問題。也很正常。關鍵是感受你的感覺，所以你就有能力去釋放那些感覺，不會收藏一堆不公不義，過了許多年仍放不下怒氣，阻礙你的能量、創意、生產力和幸福。

這裡的教導是什麼？不要養成樹敵的習慣，也絕對不要斷人後路。

我總是很驚訝，有那麼多人碰到不順心的情況，會採取不明智、情緒化的、反應性的行動，不給人留退路，而不是想辦法疏通。相反地，如果別人讓你失望，盡量抓住機會去交一個朋友。這種讓生命變得更好的方法很有意思吧？

是，即使只有一個敵人，也太多了。我必須說，在地球上行走了這些年，我只遇到三個真正很可惡的人（我永遠不會允許他們再進入我的生命）。真的，就三個。

大多數人只是想好好過完自己的日子。受傷的人會傷害別人。痛苦的人會做痛苦的事。當那個大方的人。再給他們一次機會，看他們會怎麼做。一般來說，他們會讓你很驚訝，如果他們死性不改，你仍可以當他們的遠距離朋友。

126

大方送禮

我要告訴大家一個祕密：我最喜歡做的一件事就是送禮物。我就是很愛！慷慨大方，關懷別人，讓他們面露微笑，是我生命中最高等的喜悅。我也發覺，雖然送禮物並不期待得到回禮，但慷慨就像是播種。願意經常給予，你會得到最令人驚喜的獎勵。

六、七歲的時候，我很愛一個電視節目《盛裝先生》（Mr. Dressup）。《盛裝先生》播了將近三十年，最初的構想來自知名的兒童節目《羅傑斯先生的鄰居們》（Mister Rogers' Neighborhood）。

盛裝先生由厄尼．庫姆斯（Ernie Coombs）飾演，他有兩個最好的朋友：名叫凱西的布偶小孩和布偶小狗芬尼根——現在回想起來，那隻狗有點像我家的超級好友。

企劃凱西和芬尼根的人覺得這檔兒童節目變得太過商業化，決定離開，盛裝先生告訴觀眾，他的兩個好朋友要去上幼兒園了，所以會離開節目。

節目最後一次播出時，他並沒有告訴崇敬這個節目的孩子們這是最後一集。但他調整了慣用的結束語：「每次演出結束時，我們會說：『該走了。馬上就會再見！』最後一次再這麼說，就是騙人了。」

在我還小的時候，我寫了一封誠摯的長信給盛裝先生，讓他知道他與凱西和芬尼根對我來說有多重要。結果呢？過了一星期，我收到一張明信片，上面有他們三個的合照。翻過來，帶著小時候的我認識人生的這位導師寫了很溫暖的話。

收到那份禮物後，已經過了五十多年，我還記得那張明信片，有人願意花時間寫滿載善意的話，然後寄給一個小孩子。我也感謝庫姆斯先生的好心。

……如果跟計程車司機很聊得來，我會請他把名字和地址寫在紙上。然後，我會馬上（免得自己拖延，說不定還會忘記）把這些資料拍照，寄給我可靠的行政助理安琪拉，請她寄一本我寫的書給這位駕駛。

……如果和咖啡店的咖啡師聊得很愉快，我通常會去附近的書店，買一本我最喜歡的書，例如羅馬皇帝馬可．奧理略的《沉思錄》（*Meditations*）、謝爾．希爾弗斯坦（Shel Silverstein）的《愛心樹》（*The Giving Tree*）或沙林傑（J. D. Salinger）的《麥田捕手》（*The Catcher in the Rye*），然後回咖啡廳，把禮物送給咖啡師（裡面會寫給他的題詞）。

……去住飯店時，和飯店的門衛聊起來（常有這種機會），我會找一家不錯的酒商，買一瓶好酒送他們。讓他們帶回家與家人分享。

……如果店裡的銷售人員表現優秀，富含正能量，充滿關懷，我會買一些好吃的，再回送給他們（自己也會吃一點）。

正如法國貴格會教徒兼傳教士艾蒂安·德格賀雷（Étienne de Grellet）的觀察：「我只會穿越這個世界一次；因此，我能做的好事或我能向同胞表現的善意，讓我馬上去做。讓我不要延遲或忽略，因為我不會再走過這條路。」真宜人。

127

讓自己更有魅力

剛剛讀報，看到銀行倒閉、街頭有愈來愈多抗議活動，以及奪走許多美好生命的地震。世界的反覆無常令我憂心忡忡。但我知道，在最艱難的時候，才會出現真正的英雄（當個英雄吧）。美國作家克里斯多福．莫利（Christopher Morley）說：「你可以詛咒黑暗，也可以點上蠟燭。」

做對的事，你的熱情能感染其他人，你個人的能量會充滿吸引力。別忘了，你握有的魔法遠超過你目前能體驗到的。下面有七個提升魅力的方法，讓你能為世界貢獻更多靈感（讓社交網路也發展得更好）：

叫別人的名字。要與你想要連結的人建立真實的關係時，大家都低估了這件事。在心理運作的實質層面，聽到自己的名字會讓人覺得開心。他們會覺得自己被看見，受到重視，感到很特別。

準時。寧可提早一小時，也不要遲到一分鐘。準時的儀式傳送強大的信號給會面的人，讓他們感覺受到尊重。你能準時，表示你重視會面者的時間，也證明你行為正常。

舉止有禮。真的，看到一位很少見的領袖展現出完美的舉止，讓人很受激勵。在現今的環境裡，缺乏禮貌就像我們呼吸的空氣一樣普遍，而他們在人群中脫穎而出，散發出優雅，特別顯眼。

真心微笑。人類的微笑能加快連結的速度，也能引動信任。無論去世界的哪一處，即使不懂當地的語言，誠懇的微笑仍能幫你交到朋友，以真誠正直的態度影響他人。所以，多微笑吧。常常練習的話，你會變成附近眾人公認的微笑大師。

保持好奇心，而不是譁眾取寵。我想再次強調一個概念：如果缺乏安全感，所以一心想成為眾人矚目的焦點，你就永遠無法完全展現你的自然魅力，也不會讓別人因為你而變得更好。在大家喧鬧發聲的世界裡，做個安靜的領袖。在滿是浮華網紅的時代裡，成為你認識的人當中最慷慨的人。我知道這違反直覺，但你照在別人身上的光愈多，你身周的光芒會愈強烈。

展露脆弱。哲學家馬歇爾・麥克魯漢（Marshall McLuhan）觀察到，「最私人的事物其實最普遍。」露出你的傷疤，分享你的掙扎，別人會對你產生信任。他們和你起了共鳴。你給他們許可，變得真實，深厚的連結就此成形。

保持原創性。史蒂夫・賈伯斯的高領毛衣。安娜・溫圖（Anna Wintour）的巨型太陽眼鏡。尼基・勞達（Niki Lauda）的紅色棒球帽。華倫・巴菲特的漢堡。甘地的腰布。都是傑出

人物的配件，讓他們特別顯眼。保持真實與誠懇，與眾不同但最忠於自己的穿著或行為，會大大提升你的魅力。讓你在你的領域中成為眾人過目不忘的對象。

順帶一提，說到原創性，我想到一個故事，背景是在白金漢宮向英王喬治五世致敬所舉辦的茶會。一名記者看著穿著腰布和涼鞋的甘地，說：「甘地先生，你覺得你的打扮適合觀見國王嗎？」

這位偉人的回答很偉大：「別擔心我的穿著，國王要煩心的事夠多了，管不到我們倆。」

我跟艾兒要去村裡悠閒吃午餐了，我們要去吃義大利麵和布拉塔乳酪。這一段就在這裡結束吧。謝謝你樂於接納我提供的意見。我真的認為你很特別。拜啦。

128

面對面的人際接觸

在網路互動不歇息的時代裡，我真心建議你有機會就要與人面對面接觸。

我覺得很耐人尋味，人類在虛擬世界的團結來到前所未有的程度，但我們之中有那麼多善良的靈魂卻是前所未有的寂寞。很多人都有幾百個網友，但很少人能有三個經常會面喝茶喝咖啡的朋友。

有一次我在網路上看到一名女性定期搭乘十個小時的飛機，只為了與朋友會面六十分鐘。「一起撕麵包，面對面接觸，才能建立關係。」她說。

義大利人說：「一起吃過飯，才算是朋友。」很有智慧吧？

聚在一起、握手、眼神接觸、感受能量、意識到化學作用，並合一來創造出特別的結果，就很容易看到魔法。

說到這裡，放下你的手機，關掉網路，穿上外套，去外面散個步吧；順便和人面對面互動。

129

你永遠不知道某個人會變成誰

今天寫這一段的時候，我在亞塞拜然的巴庫（Baku），在飯店房間裡寫作。總經理在水果盤旁邊留了一張紙條，等我到達。

紙條的內容十分費解。他說：「我們二十年前見過。等見面了，我再告訴你細節。你的粉絲鮑伯。」

我立即打電話給他，滿心好奇，想知道他這段話的含義。在電話上，他極為熱情，也非常有禮，邀我一起喝茶。

在飯店高雅的早餐餐廳聊天時，他告訴我，他的第一份工作在小城市的小飯店，擔任宴會的服務生。我一開始當講師時，曾在那裡舉辦過工作坊（第一場來了二十三個人，有二十一個人是一家人）。工作人員把電視推出來，播放我的投影片（對，一台電視！）。我的表現不怎麼專業，是初學者的等級。但那時我初出茅廬，應該要讚頌那個機會。

鮑伯努力工作，表現得非常好，那時升職成了宴會廳的經理。喝茶的時候，他解釋即使當了經理，他還是很在意我的工作坊進行得怎麼樣，那時候把電視推出來的人就是他。二十年前，把電視推出來的人，現在這個人在我面前。在巴庫超級時尚、完美至極的四季酒店擔任總經理。穿著無懈可擊，是社群的柱石。

我留著他那張滿溢善意的紙條。夾進了日記本。在過於數位的世界裡，提醒自己感受人類連結的力量。我很幸運能碰到這個人，他記著維繫關係的小小舉動和簡單的關懷之舉有多重要。親愛的鮑伯，謝謝你。我會一直祝福你。

他的舉止激勵了我，我用飯店的信紙寫了四封信；還好他工作的高級酒店依舊提供文具。一封給我的父母，謝謝他們給我的影響，以及這一生中他們為我做過的一切好事（爸媽，謝謝你們把我生下來！）。一封給艾兒，感謝她與我風雨同舟，給我無盡的愛和鼓勵。兩封給我鍾愛的孩子，他們帶給我無限的喜悅。

或許從更根本的層面，他的紙條提醒我對每一個碰到的人，都要以最高的尊重、禮貌和善意去對待。在接下來的日子裡奉行這個原則，除了你的良心受益，你也會感到幸福，社交圈也會朝著正向發展。因為你從不知道某個人會變成誰。

130

祝大家有美好的一天

我承認這一章的標題反映基本的想法，但在實際生活中可能不常看到：祝大家有美好的一天。

今天早上去過健身房以後，我去一家店，拿了一瓶水和莓果加洛神花口味的康普茶。

我向櫃檯的年輕女性店員讚美他們的商品種類繁多，從少見口味的蛋白質能量棒到我見過最令人讚嘆的可頌（我忍住了沒有買，但夢到了那個可愛的小東西，讓我在半夜渾身大汗地醒來）。

她感謝我的讚美，口氣非常愉快。然後我付了飲料的錢。

離開前，我說：「祝妳有美好的一天。」她聽了微微一笑，頓了一下，很認真地看著我。然後她說：「也祝你有美好的一天。」

要提振別人的心情，這麼一點點表示就夠了。讓他們看見善意。幫一個人記起自己有多重要。蘇格蘭作家伊恩．麥克拉倫（Ian Maclaren）寫道：「做善良的人，因為你遇到的每個人都在打一場硬仗。」

我誠心相信，遇到其他人的時候，充滿活力地歡迎他們，在分別時祝他們有美好的一天，世界上每個人都會過得更好。一定要跟我一起養成這個習慣。

131

與怪人交談

這段輔導訊息的要點：與海盜聊天、與不合群的人一起消磨時間、和怪人一同進餐。

與思考、工作、玩樂及生活方式差不多的人對話，你的創造力、好奇心、熱情和智慧永遠不會增長。如果你是烘焙師，和園藝師交朋友。如果你是教師，跟學生一起放鬆一下。如果你是企業家，找刺青藝術家喝咖啡，如果你是銀行家，跟吹風笛的人去散步。這些行動會帶來富裕。

你的成長不僅限於安全的港灣，還有廣闊的大海。而生命中最危險的事就是不去冒險。

去認識不一樣的人！問他們問題，吃他們的食物，學習他們學到的功課，聆聽他們的故事；因為，如果我們有勇氣敞開心房，遇到的每一個人都會教我們一些事，告訴我們一個故事。

下面這句據說是馬克・吐溫的話，對我影響很深，希望也能給你同樣的效果：

等過了二十年，會讓你失望的是你沒做的事，而不是確實做過的事。所以，解開纜繩，從安全的港灣航向大海，用船帆抓住信風。去探索。去夢想。去發現。

132

臨渴掘井

美國商業權威哈維・麥凱（Harvey Mackay）寫了一本經典著作《臨渴掘井》（*Dig Your Well Before You're Thirsty*）。他在書裡分享了他處理人際關係的態度有多謹慎。他會細心準備（一般人在會面前多半是準備不足但期望過高），深入了解會面對象的背景、興趣及成就。

因此，哈維每次認識一個人，都會得到令人驚嘆的回應，人際關係的起點也是獨一無二的非凡程度。

或許更重要的是，他建議讀者「臨渴掘井」。發展互惠且令人深感滿足的關係，並不是因為你需要從他人身上得到什麼，而是因為人與人的連結讓他們的人生和你的人生更為富裕。

人很聰明，隔了很遠也能嗅到不真誠的氣息。建立社交圈的時候以樂於助人為中心，享受友誼的樂趣，以及與優秀的人在一起能為你帶來的自我發展。絕對不要因為需要好處或渴望得到機會而去結交朋友。

133

不要變成手機的僕人

前面提過了，但我要提高聲量再說一次：承諾要與某個人共度時光後，就別在他面前用手機。

如果共進午餐的對象一直在滑社群網路，或檢查手機上的通知，我通常就不會再約他們了。他們的行為基本上表示滑手機比我們的對話重要，與其跟我聊天，他們覺得不如去滑手機。

一家科技公司的創辦人邀請我共進晚餐，他們想在公司的線上教育平台使用我的內容，也想請我當這家企業的品牌大使。吃飯時，他們一直看手機、接電話，還看了短影片。

這種行為不僅不禮貌，還讓我看到他們已經成癮，無法脫離白色螢幕，甚至不能暫停一小時，來與他們想要合作的對象互動。

科技以聰明的方式運用，效果驚人。適當利用，可以造就偉大的成果，讓你的人際關係變得更豐富。處理不當，會讓人望而卻步，毀壞你的名聲。

所以，不要變成手機的僕人，成為保持臨在的大師。

134

讓其他人感到很特別

那一天，我站在曼德拉位於南非羅本島（Robben Island）的牢房裡，我的生命改變了。走過他被迫艱苦勞動十三年的石灰岩採石場，看到宣傳辦公室，審查人員會把他的家書藏在這裡，或予以塗改，給他心理上的折磨，而他最後終於有了一間屬於自己的狹小牢房（裡面甚至沒有床）。那時，我學到了什麼叫將痛苦轉為力量，將障礙轉為勝利。

那次參觀時我也看到，曼德拉邀請一位以禮貌和尊重對待他的警衛來參加他成為南非總統的就職典禮——儘管這位政治家在經歷了二十七年的監禁後可能滿心憤怒和沮喪。後來他說：「走出監獄的門，走向通往自由的大門時，我知道如果我不拋下怨恨，我就還在牢裡。」

我分享這個故事以提醒你，身而為人的目的就是要讓其他人在你面前變得更大度。小人喜歡炫耀，爭著出風頭，假裝自己是個巨人。通常這些行為只是為了彌補他們的不安全感。偉大的靈魂讓其他人感覺自己很偉大。

讓每個你遇見的人都覺得自己很特別。給予誠摯的讚美，認同他們的天賦，而不是譴責他們的過錯。用這種方式活著，不僅能交到更多朋友，超乎你的想像，體驗到的財富形式也超越金錢能買到的一切。

好的，財富的第六種形式即將結束——為你自己建立起強大且傑出的社群，與優秀的人來往。你做得很好（我要點明這件事），我也很感恩能當你在遠方的導師。接著一起來看下一種財富的形式吧。我會引領你體驗充滿冒險的生活，發掘隱藏的寶藏，你會發現你學到的東西真的很有價值。

財富的第七種形式

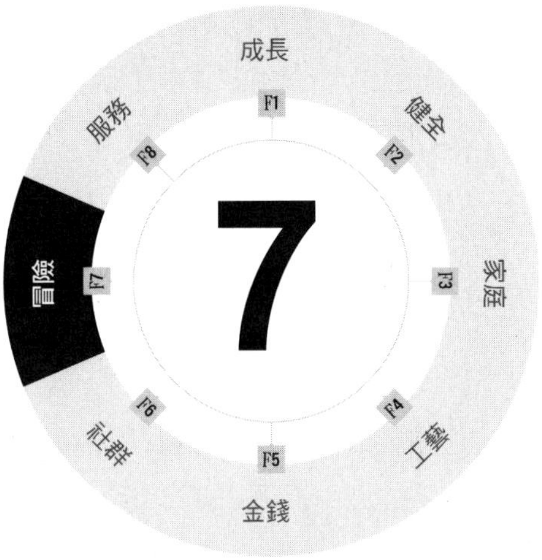

冒險

喜悅來自探索，而不是佔有

重點不在你的人生有多少年，

而是在那些年中孕育出多少人生。

——藝術家愛德華・史蒂格利茲（Edward Stieglitz）

財富的第七種形式

冒險｜概覽

我們之間有太多好人確實會把同樣的一年過八十次，並稱之為一生。用同樣的方式起床，想法一成不變，被同樣的擔憂困擾，走路去同樣的地方，吃一樣的食物，看見同樣的面孔。人生不該是這樣。冒險是我們的血統，也是活出最富裕人生的一大契機。

為你的日常增添更多奇蹟確實是一種華美的貨幣：可能是親自前往新的旅遊地點，也可能只是讀一本把自己帶進新大陸的書，或走一條新路線去上班，或欣然養成全新的習慣。在每日的時刻中加入更多敬畏、驚奇與刺激，是智慧的決定，讓這些時刻刻進你會永遠珍愛的記憶中。你知道的，豐富的回憶比現金更有價值。

是的，在這段通往真正成功與真實富裕的旅程中，我不斷成長的同伴，當生活中充滿了熱情的追求及熱切的探索，就是一種財富的形式。探索和前進、旅行和大膽冒險時，我們最為警醒。活得無畏，而不是小心翼翼，才最接近最好的自己。光芒萬丈的羅馬皇帝馬可·奧理略說：「我們不應怕死，而該怕沒有真正活過。」

我們的社會看重擁有很多東西，而不是創造充實的生活。擁有許多財產，倉庫裡放滿了東西，住所寬敞，卻因為盲目追求物質而抵押了自己的幸福，又有什麼意義？

且聽我建議，你不應該過著自滿的生活。身為人類，我們生來就是遊牧民族，生來就是開拓者。你來自歷史悠久的家族，祖先攀登過高山，發現了浩瀚的海洋，用安全感的舒適換取為了享受狂野人生有時候會需要的不確定性。把個人熱愛的事物放在物質財產之前，能確保你絕對不會在擁有許多世俗的財富時心靈非常貧乏。

接下來我要向你解釋這種形式的財富，基本上就是把好奇心、興味與魔法的感受帶回你的日常——讓你的日子充滿豐富人心的體驗及令人驚詫的時刻。所以，你不會到了壽命的盡頭才發覺自己白活一場。

好的，我的輔導快要來到尾聲，結束後，我會很想念你。話雖如此，我們別浪費時間了，直接進入財富的第七種形式：冒險。

135

找到你看不見的巴拿馬

寫這段指引時，我汲取了一座大城市的能量，你讀了可能會覺得很酷。如果沒感覺，也沒關係。

今天一早就起床運動，我邊聽有聲書《巫師與先知》（*The Wizard and the Prophet*）邊流了一大堆汗，然後去最近很紅的咖啡店買咖啡。我穿過被雨水浸濕的街道，經過一棟高聳的摩天大樓，那裡是國家廣播公司的辦公室和錄音室。

天色仍暗，觸目所及，空無一人。完全屬於我的早晨！然後我聽見了搖滾樂的聲音，說真的，震耳欲聾。我以為聲音來自某個戶外喇叭，掛著放音樂給路過的人聽。那首歌是范海倫（Van Halen）的〈巴拿馬〉（Panama）。我舉起拳頭，做出在搖滾皇室蒞臨的演唱會上一定要有的手勢，以為四周不會有人看見。

再走了幾步，我發覺聲音來自一輛小貨車，說精確點是一台道奇的七人座。裡面那人放大了音量來自娛——車下的地面也跟著震動。

我們四目交接，他微微一笑。他看到我激情舉起拳頭的手勢，似乎覺得我的動作很有趣。

這個經驗引發了一些想法。我不是很確定，但我感覺這名男子把這首歌當成他的靈丹妙藥——振奮自己的精神，創造片刻的歡樂，然後再進去那棟建築物的混凝土板裡面工作，任由自己的靈魂被壓碎。

也讓我繼續想到地球上那些非常善良的人，他們背叛自己真正熱愛的事物，從事感到痛苦、缺乏創造力甚至令人生病的工作。

你可能會說：「但我沒有選擇，我需要生活費。」

我很抱歉，你確實有選擇。你確實有力量。你可以開始副業，例如開設網路影片頻道，分享你的智慧和教育觀眾，或親手寫出你一直想寫的小說，然後在網路上自行出版。或開一家快閃商店，銷售令你滿心愉悅的精美商品。或創造你的發明，解決讓自己苦惱一陣子的難題。如果你不知道怎麼做，就去學該怎麼做。我相信你一定可以。

我還要強調另一個出於善意的建議：做讓自己開心的事，你就盡了自己的力量，為每個人照亮更光明的世界。把你的魔法推進宇宙，你讓每個人都看到可能性。

你的生活可以是藝術，你的工作可以是禮物，實踐你的心聲便是讓奇蹟成真的樂聲。

最後，讓我引用大家都很尊敬的美國作家梅爾維爾（Herman Melville）的話：「正如這片駭人的海洋包圍著蔥蘢的土地，在人類的靈魂中也躺著與世隔絕的大溪地，充滿和平與歡樂，但籠罩在一知半解的生活帶有的一切恐怖中。」

136

多看紀錄片

我很愛看紀錄片，尤其是活得很精采的人生。為什麼？就像讀一本自傳，去深入了解偉大的人做了什麼事，但只要不到一個小時就能看完，你懂我的重點吧？

從《壽司之神》（Jiro Dreams of Sushi），我學到精湛技藝的深入洞見；從《沙林傑》（Salinger），我發掘了傳奇作家的過去、習慣及艱辛。《艾美懷絲》（Amy）讓我看到在危險的人身旁會有多危險，而《好運》（Good Fortune）則提醒我，在一生中若不能讓別人過得更好，也等於白過。

一部好的紀錄片讓你進入另一個人的存在。你可以學到他們為什麼有他們的夢想、他們如何達成自己的夢想、財富狡詐的陷阱及克服挫敗的強烈喜悅。透過紀錄片，你可以踏上新的旅程，去沒去過的地方；在這個過程中得到更高程度的激勵。

看得愈多，就愈明白怎麼活出人生的最高境界。得到了充足的知識後，可以把每一天當成應用知識的平台。不一定會很簡單，但我能向你保證一定很值得。

137

進行多巴胺齋戒

為了改進你的生活方式，感覺更有生命力，且聽我的，每星期至少一天完全不用科技產品，如何？

意思是整整二十四個小時不用手機，不上社群媒體，不聊天，不用網路購物。每七天進行一次。

就好好活著。就享受人生最基本、通常也最令人感動的愉悅。感受臨在（而不是分散），感受專注在自己身上（而不是覺得壓力很大）。在附近未知的區域迷路，或找到沒去過的書店。嘗試沒吃過的東西，或到隱密的公園裡赤足走路。感受你更愛周圍你很重視的人，或許讓自己更懂得什麼也不做。

發誓每星期至少一次，從起床的那一刻到入睡的那一刻，關掉數位裝置，放進抽屜，讓自己看不到裝置，保持清醒。看見神奇。看見美。看見自然。看見當下。

喔，我還有另外一個很厲害的方法，可以幫你減少生活中數位裝置造成的分心，因為那種分心會耗盡你的冒險精神。我稱之為「兩支手機技巧」。

在主要的手機上裝滿社群媒體、新聞、氣象和其他應用程式。投資再買一支手機，但在更新、創造或需要完全專心時，帶著這支什麼都沒裝的手機。如此一來，撥出時間做有價值的事（必要的工作）時，避開去檢查主要手機的衝動，也不會被打擾。

幾個世代前，人們每週會休息一天（叫作安息日）。沒有工作，沒有憂慮，什麼也不做——只是更認真感受存在。這項做法更新了人類的正向性，恢復生命力。我真心希望你也願意實踐。在這動蕩而壯麗的世界中，去連結充盈的奇妙。重燃兒時的火花。填滿乾枯的心井。

138

放開能量吸血鬼

這件事之前提了一下，但我需要再次提起，因為你一定要好好享受這個充滿祝福的旅途，也就是你的人生。也因為良好的輔導需要定期的加強。

你可以快樂，也可以跟有毒的人在一起，但兩者絕對、絕對、絕對無法共存。我要說的是，如果你想要一個立即轉化人生的策略，就離開那些讓你覺得不快樂的人。

如果是家庭成員，少跟他們見面。如果是認識多年的朋友，但再也不與你一起成長，再也沒有共鳴，因為他們很負面、自以為是，或一直在抱怨，那你繼續向前吧，但隔著一段距離去愛他們。

對，放開能量吸血鬼，排除那些掠奪夢想的禿鷹。擺脫那些竊取幸福的人。人生苦短，別讓負面的人進入你的生命，敗壞美好的時光。

139

建立你的花園

我們家以前有一棟住了很久的房子，我很喜歡那裡。因為日出的光線會穿過樹木，照射在房子前方；因為我們可以在冬天生火，每天傍晚看著太陽落到房子後方的森林裡。

我喜歡房間裡的落光，那一區很安靜，下午工作結束後，我常常去附近的林地裡騎我的登山車。但最棒的絕對是那個地方的花園。我很愛花，花朵讓我感到知足，讓我淹沒在靜謐中。我找了一位專家幫我建立花園，然後我開始在春天細心照看，夏日勤勞澆水。

「第一年會休眠，第二年會蔓延，第三年就跳出來了。」專家告訴我。真的，在第三年，薰衣草非常茂盛，紫錐花嬌豔明媚，鬱金香長得幾乎有椰子那麼大。

有一天，爸媽來探望我們，就坐在後院，盯著這片自然的奇蹟。「誰需要去避靜呢？」我那奇妙的母親說（對，就是對抗飆車族且大獲全勝的母親！）。

建立一座花園。為你的日子增添更多冒險，意思不一定是去國外旅行。有時候，從自己家裡開始就可以了。

140

當詩人

為了讓你個人的宇宙少一些忙碌、複雜和消極，我祈願你成為一位詩人。在紙上創造出輝煌的成就，你的想法會發生奇妙的改變——再從紙張拓展出去。

我會解釋我的用意，但我先給你看一首我寫在日記裡的詩，早上五點寫的。我知道我不是天才型詩人，但我真的盡力了：

安靜的承諾

從出生到終結，有一個承諾。
與你隱藏的才華為友。
看著你最高的願景而感到喜悅。
笑一笑你作為人而犯下的失誤。
知道你的靈魂有什麼指引。

從童年到老年。

承諾遭到違背。

在日常忙碌的漩渦中，在無止境的行事中。

人做著成年人被教導該做的事。

遵循責任，融入有禮貌的社會。

取得物質的富裕，讓鄰居看到你多有錢。

承諾變得無人聽聞。

最終受到忽略。

退化的人性。

玷汙了你與生俱來的可能性。

被命運拘禁。

夢遊著走完一生。

因此死時無人看見。

無人聽聞。

要找回孩童時代感受到的眼花撩亂，我真心鼓勵你當個詩人。你說不定很會寫詩，只是你自己還不知道！不像我，寫得不怎麼樣。

我的意思不是要找一間位於海邊、粉刷成白色的農舍，裝了淡藍色的百葉窗，讓你坐在巨大的木質書桌前寫出詩句（不過，如果你聽了很心動，就去找吧）。

我的意思就是再活一次！常常思索你需要變成的模樣，每天邁出一小步來一一實現，在你來到終點時，會發現整趟旅程充滿樂趣。很刺激。很有成就感。很值得。

回想一下，限制我們獲取榮耀的恐懼，大多是虛假的惡龍和白日夢。我們透過錯誤的思維創造出自己的監獄，然後關進自己建造的牢房裡用掉最美好的那些年。要相信，不出現問題，就不會有進步，沒有幾場酣暢淋漓的戰鬥，就沒有幸福。

忘了想討好每個人的需要。先關心自身靈魂的呼喊。因為你沒有的東西，也無法給別人。實現你的天分，就亮起了綠燈，讓周圍的人一一跟隨。

所以，當個詩人吧。表達你的藝術能力。擁抱冒險。活得更危險一點。尋覓更多美好。看更多日出，摘更多花朵，多吃一點披薩，擁抱更多人，更放肆一點，並數一數點綴夜空的星星。如果它們在一個世代中只出現一次，你就會注視它們。可是，因為星星一直都在，你甚至不去欣賞。

是的。當一個「誰管別人怎麼想」的詩人。不光寫在紙上，也在你最富裕的人生中寫詩。

141

放慢一切的步調

加入慢活的行列。很多人熱愛慢煮、慢食和慢工；也就是在執行工藝時更有耐心，放入更多思緒及審慎。

我建議你練習慢活。別人要求你去做不想做的事時，減少接受的次數，少買一些東西，減少待辦事項以享受生活，多花一點時間進行有意思的對話，停下來細細品味生命中顯而易見的禮物，因為大多數人忙著忙碌，錯過了這些禮物。在大多數時候，忙碌不一定比較好。

放慢呼吸。放慢咀嚼的速度。走慢一點。放慢說話的速度。放慢思考的速度，更深刻去感受。

相對於將一切加速，活得像火燒屁股一樣——放慢一切的速度，並不表示懶惰，只代表你很有智慧。

142

消失一年

我現在要給你一個很奇怪的想法，但是很有趣，而且我保證也很有力量：在一整年的時間裡，暫停營業。不輕易讓人找到。切斷聯繫，銷聲匿跡。

對，在改變一生的十二個月裡，婉拒大多數的社交邀請，拒絕新的交友要求，不去商店購物，避開上餐廳吃飯，遠離世界。

相反地，進入荒野（那一類的地方），做個極簡主義者。我的輔導方法論提到「重要少數」，以這個想法為一切的焦點、中心和基礎。

……將一整年的時間投入個人成長及自我療癒，了解外在的宇宙會完美反映內在的宇宙。學會能好好冥想、想像、祈禱、寫日記，擺脫讓你無法履行承諾和發揮潛力的限制。

……鍛鍊出這一生最好的體能狀態。跑步或做伏地挺身，開始練習瑜伽或衝浪，多呼吸新鮮空氣，給自己多一點睡眠。

……閱讀專業領域中的每一本書，每天花幾個小時練習學到的東西，讓自己的知識、價值和能力超越所有的同儕。即使遇到問題，也不會因此停下。

……限制花費、降低需求及精打細算，即使碰到突然的財務緊急狀況或全球經濟災難也能全身而退（且因為沒有負債而更覺得安心）。

……削除偷走喜悅並混淆優先順序的一切事物，簡化人生，讓日子更順暢。

……享受經典作品，研究你崇敬的對象，聽美妙的音樂，吃自然的食物，喝潔淨的水，戒除上癮的事物（可以先考慮戒掉滑手機、工作過度、抱怨及飲酒），一有空就去森林裡，多花一點時間散步。

……原諒需要寬恕的人，愛值得愛的人，基本上讓自己變成你需要成為的人，以享有你目前最想要的真正財富。

對，我對你的要求就是整整十二個月銷聲匿跡，可能有一點挑戰性。你可以去你一直想去的地方，或切斷聯繫留在家裡。這十二個月的最高計畫就是變成最好的自己。

完成後，回到這個世界。轉化完成，重生，改頭換面，準備提升所有人。

143

在工作中尋求神祕

要讓生活中的奇蹟及可能性有更好的品質，一個很好的方法就是把你做的工作視為門戶，通往探索的新天地，也會通往更高層次的刺激。

用藝術家的眼光重新看待你的工作，並努力超越界限，開闢新天地，投資在新奇的事物上，不光會顯著提高你的靈感、能量及個人的勇氣，亦能讓你的生命從平凡轉為神奇。

人們會陷入一個陷阱，就是重複一成不變的工作方式。這是為了保護我們已達到的成績，也因為我們害怕創新可能導致失敗。然而，這種做法一定會讓你覺得無聊、沒有生氣和憤世嫉俗。

相反地，追求出乎意料的事物。嘗試看似古怪的生產方式，或用更不尋常的方法做你的工作。有些人可能會覺得你很怪，但通常進步都來自格格不入的怪人，他們推動了世界。

一九六九年，知名的德國藝術家格奧爾格·巴澤利茨（Georg Baselitz）開始倒過來作畫和展示作品，徹底改變多年來的風格。你能想像嗎？上下顛倒！

轉為「顛倒繪畫」，因為他只想做自己的事，脫離配合藝術界期待的壓力。

你也可以這麼自由。你的工作可以是一場聖戰——令人著迷的歷險，深入你最優秀的創造力，目標也是你最偉大的自己。因為你最害怕的計畫會讓你更強大，只有超越自我極限的人，才知道自己其實可以多不受限。

144

贏得記憶樂透

我和一位全世界最有錢的人一起走在河邊，附近的森林裡到處是野花和小鹿，茂密的參天大樹應該有幾百歲，或甚至幾千歲了。「羅賓，我得出結論，太多錢真的很不好。」他對我說。

「為什麼？」我問。

「我覺得，太多錢對我這樣野心很高、幹勁十足、追求完美的人來說，就像是毒品。我們一直追求金錢，讓自己覺得贏了，其實不然。」

「那麼，你覺得怎樣才算贏？」我問他，這時一隻小鹿跳了過去。

「製造更多的回憶，而不是賺更多錢。等我老了，想起與家人在一起的特別時刻，我會覺得心滿意足。等我死了，我無法帶走這些我賺的錢。去墓地的時候，我從來沒看過送葬的隊伍後面跟著運鈔車。」這位億萬富翁輕聲說。

製造更多的回憶，而不是追求太多的金錢。非常有智慧的重點。此刻，在我們的文化裡，有太多人忘了自由的意義遠勝過淨值對帳單上長長的數字。

145

每三個月，做一件嚇人的事

這一章很短。我找過一位帆船教練，在我認識的人裡面，他的生命力可算是數一數二，也非常搞笑。他叫鮑伯，很特別的人，相當酷。

某個夏日，我們出海航行了很久，鮑伯分享他保持年輕及活力的祕訣，並確保自己的眼睛一直保持閃亮（絕對不要失去你眼中的光芒）。每三個月，他就會做一件讓自己膽戰心驚的事，每隔兩年，他承諾要學一種新技能，讓自己改頭換面。

如果我們倆一起坐在帆船上，我會細細問你有哪些因為害怕而不去做的事。然後要求你承諾，每隔三個月就去做到其中一件。原本拋擲在這些可怕事情上的力量就能一一取回。

接下來我要你列出你一直夢想能學會的重要技能。並以溫和堅定的語氣要求你向我承諾，你會努力精通這些技能。一個一個學，每兩年學一個新技能。

然後我會問你一個相當不錯的問題，也是幸福優秀的人常常自問的：「上次頭一回做某件事是什麼時候？」

最後，我要你幫忙控制風帆，我們才不會迷失在大海中。

146

假裝你是個海盜

說到大海，我想建議你假裝自己是個海盜。不是那種壞海盜，而是一個很好的海盜（牙齒整齊潔白、有禮貌，且習慣良好）。

對，我認真的，幫你在生活中混入令人讚嘆的經歷，留下難忘的回憶——*活得更危險一點*。

「羅賓，你到底在胡言亂語什麼？」你大惑不解。「你為什麼要鼓勵我變得*危險*？」

讓我舉一些例子，你可以變得比現在更放縱一點（除非你已經太放縱，犯了很多法，那我建議你跳過這一章）。

……向你的愛人索取你想要的東西，要求朋友送來你需要的東西，不接受替代的選項。

……去你最喜歡的餐廳時，如果看到最棒的那張桌子空著，但服務生要帶你去另外一桌，詢問能否坐那個最好的座位。

……要求拿到櫥窗裡賣相最棒的甜點，而不是烘焙師準備拿給你的那一個。如果能更有冒險精神（我們這一生因為害怕遭到拒絕，浪費了多少時間！），跟烘焙師要額外的點綴，例如淋一大坨巧克力醬。我向你發起挑戰。

……向面容看似脾氣暴躁的陌生人問路，而不是找一個看起來精神抖擻（且和善）的人。

……要求計程車司機關掉音樂，因為你不喜歡迪斯可，或要求他不要用手機跟心理治療師聊他的危機。因為你付了車錢讓他工作，而不是接受治療。

……在飯店問能否升級房間（「請問，有機會免費升等到頂層的套房嗎？」真正的海盜會說這種話），要求家人幫很大的忙，去冰淇淋店多要一球冰淇淋（「可以的話，我想要撒很多糖球」）。

「不開口要，就得不到」是一句很棒的真言，「唯一的失敗就是不去嘗試」則是超讚的自我暗示。成功基本上就是數字遊戲，如果你一直保持沉默，什麼都不會發生。

堅定自信，並不需要有侵略性。有禮貌能散發吸引力，而我真正的期待是你變得更勇敢，而不是太安靜。

海盜會拿到更多賞金，生活更加豐富精采，在我看來也更有樂趣。

147

追求熱愛的事物

長大以後，我們再也不去追求童年時期令我們很快樂的事，是不是耐人尋味？如果我們約在我放滿書的書房吃晚餐，我會問你另一個熱門的問題：「小時候的你，看到如今已經長大的你，會有什麼想法？」

有一天，我跟客戶聊天，他是科技界的大老，他說每個星期踏著自行車去幾次長途騎乘，是他生命中最快樂的時候。我問他為什麼現在不騎了。他找我諮詢，因為他不是很快樂——他也承認長途騎乘讓他很開心。

「我不確定。」他很老實地說。

這位傑出人士把注意力放在沉重的責任及對菁英成就的追求，無暇顧及幸福生活中最珍貴的一項財富：盡情玩樂。他也忘了消遣等於再創造，讓我們脫胎換骨。追求喜愛的事物來滿足熱情，啟發我們的喜悅，讓我們變得更快樂、更有創意、更有生產力、更平靜。

推遲熱愛的事物，等到太老了只能放棄，一點道理也沒有。很可惜，大多數人都是這樣。他們從這裡跑到那裡，努力追上專業的義務、社會的承諾及做不完的待辦事項，在這個過程中忽略了心靈的需要。

幾個星期變成幾個月，幾個月變成幾年，幾年變成幾十年。等他們發覺時已經太晚，再也無法重拾熱愛的事物。親愛的朋友，別讓這種事發生在你身上。

148

少一點技術，多一點奧義

我剛看了一條短影片，訪問對象被稱為「最佳化之王」。之所以有這個稱號，是因為多年來他不斷鞭策自己鍛鍊及提高效率，達到可能的絕對極限。

有趣的是，他指出自己現在從事完全不同的運動。影片重點並不是能幫你做到更多的「生活小撇步」，而是放慢生活的速度，以便有更多冒險的體驗。不再花那麼多精力用軍事般的嚴謹安排日常生活，而是更自由地漫步（想要漫步的時候）和休息（需要休息的時候）。

看了挺開心的。我們的文明正在經歷深刻的改變。許多人都對自己提出大哉問：我是誰？我的目的是什麼？真正的成功是什麼樣子？我希望別人如何記得我？

精湛的技藝確實很重要。大多數人當然希望能實踐天賦與才華。每天都過得很有成效（鍛鍊創意，及產出重要的成果，就是幸福最大的泉源），同時磨練令自己更有自信的個人技能，提升我們的恢復力，讓我們成長為美好自我的更高版本。

作為你在遠方的導師，我非常關心你，也要對著你的耳朵輕聲說：別忘了魔法。

別忙著提高生產力，而背叛了靈魂的渴望，變得無聊、無趣且無生氣。別那麼嚴肅，看到傻事也笑不出來。別那麼幹勁十足，結果忘了怎麼做人。

更常走入奧義。或許偶爾可以花一整天閒晃和浪費時間，只去注意各種事物。或許開車去多年來因為忙碌而從未有時間拜訪的小鎮，隨興走過大街小巷。或和商店的老闆聊天，了解他們為什麼要花一輩子的時間修復舊家具。或和六十五年來持續製作超美味義大利麵的義大利老嬤嬤閒聊（我可以加入嗎？）。或找位農夫，說到手中握著土壤，說到自己種的菜上了別人的餐桌，他的眼睛就亮了起來。

你可能覺得，以上要你去尋找更多讚嘆和奇蹟的建議沒什麼大不了。沒關係，就做你覺得恰當的事。

我們當中有太多人追求的成功由我們的父母、老師和社會來定義。我們聽從他們的命令。聆聽他們的指引。而我們最後到了哪裡？通常只得到不快樂和壓力，甚至有人因此生了病（心理、情緒、生理或精神的都有）。

不要過你爸媽活過的人生！或鄰居的人生，或聽網紅教你該如何如何才能得到他人的喜愛、接納和歡迎。過你的人生。你只有這一條命——你不會得到第二次機會。

此刻，農舍裡播放著略微響亮的鄉村音樂，還有遠處的自耕農正在用過時的傳統工具採摘橄欖，而我只想說：真正富裕的生活並不僅止於追求精湛的技藝。體會旅途中的奇蹟、花更多時間玩樂、享受更多魔法、靠近奧義，精湛的技藝才能得到平衡。

149

別在品嚐食物前就撒鹽

我跟朋友去餐廳吃飯，很特別的經過，我想說給你聽。因為我覺得我學到的教訓對你也有幫助。

我們點了餐，聊了起來。那裡人聲鼎沸，能量很驚人。午餐送來了，我拿起胡椒罐，開始在食物上狂撒黑胡椒。那只是我的習慣（我就愛胡椒，別管我）。

朋友笑了起來，笑我這種大撒胡椒的古怪習慣。然後他說：「汽車大王亨利．福特絕對不會雇用你。」

「什麼意思？」我津津有味地大嚼撒滿黑胡椒的食物。

他告訴我，據說這位具有代表性的汽車大王會帶未來的員工去吃飯，以觀察他們。他不僅會注意他們對待服務生的方式（因為那會凸顯一個人的個性），也會觀察他們會不會在品嚐食物前就撒上鹽與黑胡椒。

坊間流傳，如果一口都沒試，就撒上鹽和胡椒，表示這人有三個不值得雇用的點：

第一點：這種行為不尊重廚師的技藝，也不尊重帶你去用餐的主人。

第二點：這個人沒有根據任何分析，就做出決定。唔。有意思。

第三點：犯事者沒有開闊的心胸，且固執己見。

我微微一笑，發覺自己的就業機率降到谷底，撒胡椒的手勢也放輕了。

然而，談到我希望你努力實現的第七種財富形式，這裡有一個睿智的人生真理：如果你想要讓生命充滿靈感與深厚的生命力，不要太固執己見。保持開放的心態（對自己一直確定是真實的信念提出質疑，不會有壞處），挑戰自己的假設，不設定自己可能有的經歷，並對抗限制，不讓自己的偉大變得渺小。

150

幸福是內部工作

所以，有那麼多美好的靈魂困在一種跑步機上，持續告訴自己「當我……時」就會覺得幸福並享受人生的旅程。

……找到理想愛侶時，我就會幸福。

……健康狀態一流、腹肌很明顯，且笑起來一口白牙，我就會幸福。

……擁有很炫的車子或炙手可熱的工作，我就會幸福。

……有很多錢及財富自由，我就很幸福。

……變動的腳步放緩，政治、社會和氣候擾亂穩定下來，地球上的混亂逐漸平息，我就會幸福。

很抱歉，這些事物永遠無法讓你幸福——那只是各方面都已經偏離正道的社會賣給我們的幻覺。或許能帶來短期的愉悅，但那與幸福大不相同。

只有內在的某樣東西能讓你幸福。喜悅是一種你以日常的思維、習慣、行為、成就和冒險所創造出的內在狀態和你做的選擇，而不是在某個晴朗的早晨，當你找到適合的伴侶、住所、工作或手錶時突現的神祕狀態。

151

斷捨離

雜亂會造成壓力。周圍有太多東西會耗盡我們的能量，讓人無法專心享受當下，還會浪費錢買不需要的東西。

所以，來一次大清理吧。清個徹底！

丟掉幾年沒穿的衣服、幾個月沒穿的鞋子，以及購買當下似乎很適合買的小飾品，但現在在通靈的雙眼中，價值差不多等於餐館送的幸運餅乾。

丟得愈多，你愈容易注意周圍的雜物。持續把東西送走。鬆手放開一切雜亂。一次清掉所有的東西。簡化！

聽我的建議，你猜你會發現什麼？空間騰出來，容納全新等級的創造力。你的能量會加速，你對個人自由的珍視會騰空而起。

「最大的財富是知足常樂。」柏拉圖告訴我們。但願我們都能珍惜他的智慧，並保持下去。

152

過著驚奇人生的十大選書

這裡有十本書讓我的人生少了些無聊，多了些刺激與許多奇蹟。我希望你也可以參考這些書籍，學到一些想法後採取行動；因為未予以應用的資訊就沒有價值。

- 強・克拉庫爾（Jon Krakauer）《阿拉斯加之死》（*Into the Wild*）
- 肯特・尼伯恩（Kent Nerburn）《小小恩典》（*Small Graces*）
- 安東尼・聖修伯里（Antoine de Saint-Exupéry）《小王子》（*The Little Prince*）
- 翠娜・鮑路斯（Trina Paulus）《花盼》（*Hope for the Flowers*）
- 布瑞特・帕普威爾（Brett Popplewell）《局外人》（*Outsider*）
- 謝爾・希爾弗斯坦《愛心樹》（*The Giving Tree*）

- 歐弗雷德・藍星（Alfred Lansing）《冰海歷劫700天》（*Endurance*）
- 凱文・派特森（Kevin Patterson）《海上之旅》（*The Water in Between*）
- 安東尼・波登（Anthony Bourdain）《名廚吃四方》（*A Cook's Tour*）
- 梅蘭妮・杜尼亞（Melanie Dunea）《我最後的晚餐》（*My Last Supper*）

切記，追求美好（及真實富裕）的人生，就要少滑手機，多讀書。阻礙我們活得充實的恐懼大多來自心懷恐懼的人教給我們的謊言。

153

創造反英雄場景

有時候得嚇一嚇自己，確認你不會陷入困境。為此，我有一個方法論叫「反英雄場景」，你可以用這個策略溫和地嚇嚇自己。很簡單，效果也很好。

你做了我一直在教導你的那些事，得到了卓越的獎勵，現在拿紙筆出來，但不要寫下你得到了什麼獎勵。寫下如果你不遵循我努力而用心的教導，生命中會因此出現的惱怒、沮喪和危險。

……記下所有將要破滅的夢想、你會忽視的財富，還有因為辜負自己的潛力並無法擺脫舒適區而錯過的時刻。

……記下你的人際關係會如何走下坡，因為你無法履行承諾、敞開心胸、將真實的自己呈現在別人面前。

……記下會影響思維模式的毒素，會侵入感情模式的傷痛，讓健康模式降級的不適，會玷汙靈魂模式的痛苦，因為你忽略了該做的事，沒做到的話就無法讓生命展現你我心中該有的模樣。

真的。完全想清楚，並讓自己有點害怕，如果你不變成勝利的英雄，而是一生中碰過最惡毒的壞蛋，會是什麼情況。給自己（一點點）恐嚇，去做那些微小的改變、小小的勝利及簡單的日常躍進，若能持之以恆，就會讓你變成你一直想成為的那個人。

154

避開老人的缺點

我非常尊敬老人。真的。

我活了幾十年，老人通常是我見過最友善、最風趣、最體貼的人。

然而，我必須說，很多老人都有一個缺點：他們可以跟你聊好幾個小時，只聊過去。

……說起年輕時的探索與冒險。

……講出老掉牙的軼事、勝利故事及探險經歷。

……用長到誇張的獨白講述他們殺掉的惡龍、翻越的高山及豐功偉業。

我不是抱怨，只是講述事實。絕不帶評判——就是陳述。他們的話語變得很無聊。

看著這個現象展開，我發覺這些美好的靈魂被困住了。

他們落入陷阱，相信最好的日子已經變成過去式。他們沒有留住希望。他們看不到更光明的未來裡有更美好的時刻。因為算算接下來的日子，比曾度過的日子少了很多。

所以，他們緊抓著過去不放，一而再再而三回憶起特殊的時刻。

我希望你要小心，別讓自己變成這種老人。在你變老的時候，依然能讓未來變得更好。

155

找到你心目中的沃爾夫加特

在人生中前進時，給自己多一點冒險，你會體驗到更多的魔法，理由就是實現X計畫（記得工藝那節的輔導訊息提到的概念嗎？）所需的承諾及努力、克服挑戰以展現更多與生俱來的天賦，以及持續把注意力放在你偉大的任務上。今天，我想說的是，好玩且驚險的體驗如果是克服難關的回報，而逃脫路線則是你的勞動成果，那就更棒了。

南非的西海岸有個與世隔絕的小漁村帕特諾斯特（Paternoster），寫《清晨五點俱樂部》的時候，我去那裡閉關。也讓我愛上了那個地方。帕特諾斯特留存原始的壯麗，也有極為腳踏實地的居民。我也因此造訪了沃爾夫加特（Wolfgat），可列入我在世界上最喜歡的餐廳。

這家寶藏餐廳在農舍裡，有二十個座位，坐落在帕特諾斯特荒蕪海灘邊的懸崖上。沃爾夫加特裡面播著時尚的音樂，同時浪潮擊打著海岸，供應的菜餚十分特別，讓這個偏僻的小地方得到地球上最佳餐廳的美名。

主廚范德麥威（Kobus van der Merwe）可說是出外採集的全球領袖，他的食材大多來自附近，廚房也放滿本土植物，這位大師製作的野生食物餐點很簡單，但非常精緻。眾人稱他「真正的文藝復興時代人物：醫師、植物學家、主廚和詩人」。

昨天我和艾兒去那裡吃午餐。用餐體驗充滿情感、令人驚嘆、絕對忘不了。進餐廳後過了一小時，我臉上一直掛著微笑。真的。

我花了好幾個星期又好幾個星期的時間寫這本書的這一段——覺得創意枯竭，心靈空虛——我決定休息，來到這個帶給我無限喜悅、療癒及平靜的綠洲。

我要說的是，生活以一種奇怪的方式和太快的速度飛逝。諺語「一下子就老了，但要等很久才有智慧」說出了深刻的真相。

在這個廣大的星球上找到能讓你覺得活著就是充滿祝福的地方。找到讓你心臟怦怦跳且幸福滿溢的空間。工作時，全心投入，玩樂時，玩得痛快。也絕對要找到你心目中的沃爾夫加特。在還來得及的時候趕快親自前往。

財富的第八種形式

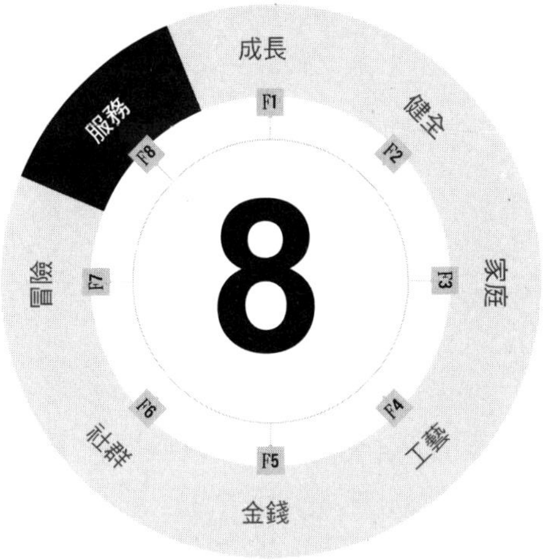

服務

人生苦短，好好助人

用溫柔的方式，你也能撼動這個世界。

——甘地

財富的第八種形式

服務｜概覽

保險桿上的貼紙說：「死去時有最多玩具的人是贏家」，忘了這句話吧。走的時候，什麼也帶不走。所以，享受你的玩具，但絕對不要用擁有的東西來定義你自己或衡量你的成功。你現在應該很清楚，物質轉瞬即逝。來了又去。身為人類的成長、良好的健康、強大的家庭生活、精湛的工藝、豐富的社交網路及輝煌燦爛的冒險，相信這些才是新的地位象徵，表示你過著真正奢華的生活。

這就讓我帶到主題，要你成為最樂於助人的自己。為他人服務是一種極為珍貴的貨幣。待人和善讓你成為富人。這不是很受歡迎的信念，卻是真相的陳述。你的貢獻很重要。你提供的用處很重要。你造成的影響非常有價值。

為許多人帶來正向的衝擊，這樣的美德最能給你個人成就感與內在的寧靜。詩人湯馬斯・坎貝爾（Thomas Campbell）曾說：「活在後人的心中，就不是死亡。」

真誠地讓生命變得更好，成就重大的差異，都是英雄的習慣，也是傳奇人物的遺贈。如果想活出最豐富的人生，也該集中精力持續升級這一個主要的領域。

再次強調，我絕對不認為賺錢、提升財務地位及擁有美好的物質有什麼不好。從我們相遇之始，我就一直在對你說，美好的存在就是在財富所有的八種形式間維持平衡。

好的。在這個脈絡中，我們需要一起踏上旅途，了解財富的最後一種形式：服務。開始吧。

156

找到一個大於自己的志業

心理學家亞伯拉罕・馬斯洛（Abraham Maslow）以他的人類需求層次而知名。如果你沒看過這個架構，我稍做解釋，它看起來像個金字塔。底部是人類最基本的需求，馬斯洛稱為「生理需求」，例如食物和住所。生理需求得到滿足後，馬斯洛說我們就能上升，穩定地滿足接下來的需求層次：「安全」需求（個人安全、工作、健康及富足），再往上到「愛與歸屬」的需求，然後往上到「尊重」需求，也就是自尊及對認可和地位的渴望。

這個很普遍的架構頂部則是「自我實現」。一旦較低的需求都被滿足，根據心理學的理論，我們得到力量、自信和個人的盔甲，去追求更高層又更深入的目標，變成我們該有的模樣。以實現潛能。以應用我們的天分。以承認我們主要的天賦。

有意思的來了：就在馬斯洛去世前，他決定在金字塔頂端的自我實現上加一個新的層次。他稱之為「自我超越」。

也就是說，度過了充實的一生，他察覺你、我及今日地球上每個人最渴望的是能為更偉大的事物而存在。這個任務超越我們以自我為中心的需要。這個召喚想讓我們遇到的每個人都能變得更好，這項志業能產生某種形式的貢獻。對，身為人類，我們無形的本能就是服務。服務他人時，即使是最微小的服務，也會照亮自己；就在我們把光帶進世界的時候。

很少有人能反省自己的主要目標和中心目的，結果時光飛逝，以至於再也來不及亡羊補牢。我真心希望你永遠不會讓自己碰到這種事。

157

看重你的末日

「要了解人生，必須回頭看；要活出生命，必須往前行，」這是丹麥哲學家齊克果（Søren Kierkegaard）的觀察。超真實的，對不對？

只有在來到終點時，我們才能連接起每個點、探明模式及感覺到發生過的每件事都有輝煌的目的，並遵循某個總體規劃——即使是、尤其是那些特別困難的事件。

那是讓你成長的土壤，幫你學到你需要的功課，才能長成這一世你受到祝福該成為的模樣。

我今天要給你什麼鼓勵？看重你的末日。

對，身為不斷鼓勵你、永遠熱情的遠距離導師，那是我現在對你的祈願。撥出一些安靜的時間，獨自一人，細細思考生命的最後一天。想像你躺在臨終的床上。看著所愛之人的面龐。假設你活得很真實、很有活力、很勇敢、很快樂，也真的很富裕，在慶祝你擁有精采人生的同時，他們會說什麼？

仔細想想你應該達到的成就，以及你覺得需要進行哪些探索，在嚥下最後一口氣之前，才知道你善加運用了自己更敏銳的才能及承諾。與死亡親近，你會因此得到強大的力量，聚焦在你最看重的幾項事物上。並活在當下。十八世紀的英國作家塞繆爾．詹森（Samuel Johnson）曾寫道：「知道再過一個月就要上絞架的人，注意力會非常集中。」

告解：年輕的時候，我習慣一大早起來讀訃聞。這項紀律相當有效，讓我把時間花在追求最重要的事。很少有事物能像死亡的威脅，增強我們剝除瑣碎之物、成就必要事項的決心。為了對你有幫助，雖然死亡不是很好的話題，但我需要說出來。

在我讀過的訃聞裡，那些活得很有智慧的人沒有一個「在睡夢中去世，身邊有律師、會計師和投資顧問陪伴」。

一個也沒有。每一個在地球上行走過的人，若能在一生中填滿樂觀與神奇、活力與誠信、喜悅與平靜，基本上他們的訃聞都會說：

> 活至耄耋之年，於睡夢中安詳離世，身邊陪伴著尊敬他們的同事、讚賞他們的鄰居及敬愛他們的家人。過世時，他們臉上帶著淺淺的微笑。知道自己活出了真實、勇氣、創意及善良。

就讓我滿懷熱情地問你：如果在臨終時，這些才是最重要的，那為何不現在就鼓起勇氣，把注意力放在這些優先事項上？

158

記住亞歷山大大帝的三個遺願

根據知名的傳說，亞歷山大大帝臨死時召集了麾下的將軍，提出了三個遺願。分別是：

抬棺者要是全世界醫術最精良的醫生。

他一生累積的巨大財富，包括金子、寶石、裝飾品，全都要撒在前往墓地的路上。

他的雙手要掛在棺材外面，讓聚集的民眾看到。

一位高層將領請他解釋為什麼提出這三個指示。這位受人尊敬的統治者回覆：

首先，他要最好的醫生來抬棺，讓全體目擊者及大多數民眾知道，即使是世界上最厲害的藥物也無力挽救瀕死之人。

第二，他要在街上撒滿他的金子及其他形式的財富，讓參加的人明白，人死後，在地球上賺的錢仍會留在地球上。

最後，他要讓雙手懸在棺材外，讓追隨者看見並銘記，我們生來便一無所有，死時也是兩手空空。

希望我們都能牢記亞歷山大大帝的三個遺願，並盡快在生命中實踐，才能立即體驗什麼是金錢買不到的財富。

159

沒有頭銜的領袖

這一篇很簡短。有近三十年的時間，我在地球上旅行，發表主題演講，從倫敦到拉哥斯、紐約到奈洛比、杜拜到德班、赫爾辛基到香港，演說內容的基本想法是無論你住在哪裡、做什麼職業，只要你願意，都可以表現出領袖的舉止。因為領導力只是受害者思維的反義詞。自認受害者的人（表現出抱怨、責怪，等著狀況變好，而不是發揮天生的力量來改變情況）絕對、絕對無法帶來正面的衝擊。

我很崇敬的小馬丁．路德．金恩說：「每個人都可以服務，也因此變得偉大。你不需要有大學學位，就可以服務他人。你不需要懂得正確的文法就可以提供服務。你只需要一顆充滿慈悲的心。還有由愛而生的靈魂。」

因此，行動吧。即使你沒有正式的職位或重要的職稱，在職場也能領導。鼓勵、支持和愛護家人（在風雨中成為基石），成為家中的領袖。用你的表現鼓勵他人記住他們該有的模樣，在社區擔任領袖。

160

信任不關心的力量

聽起來或許很奇怪，但我的建議是：用心關懷，但不要太在乎。我就想說這句話。重點不是當好人，對別人好。對，你不想太關心別人。

我說的是用某種方法保護你的平靜並面對現實，你人在這個世界，卻不受世界的束縛。你盡力了，但只是輕輕握著眼前的一切（而不是緊握），即使你在這一刻還看不到美妙的益處，但願意相信宇宙了解自身的運作，發生的每件事都有奇妙的理由。生命並不是為了失敗而開展，一定是為了你的好運，對吧？

用這個方法運作，你會變成現代的心靈大師。細細品味旅途中的美好季節，相信在不怎麼好的節期中，你的成長、勇敢和智慧就成型了。學到了高我需要的功課，所有的困難就過去了。更好的日子即將開始。

161

心比腦更有智慧

我們一直在作戰：利己我對抗英雄我。與生俱來的自由對抗工廠安裝的恐懼程式。善良的心持續（但靜默地）送給我們的指示對抗喧鬧的頭腦對著我們大吼的無盡提議。

你的利己我不是真的你。是你的一塊，在你度過每一天，周遭的影響力告訴你如何思考、該說什麼、如何生活，便創造出來。是你的一部分，由你經驗過的傷害、忍耐過的沮喪及你不知道如何轉為力量的挫折來形成。你的自我是你的陰暗面，多疑而害怕，有時候很自私，幾乎每天都會妨礙你成為最好的你。

英雄我呢？那才是真的你。富含想像力、洞見、力量與愛。知道在各種情況下該怎麼辦，考慮到每一個利害關係人的好處（不光是你自己），肯定你天生的偉大，不可戰勝的程度超越人類低層思維的智識範圍。你這閃亮的一塊了解一切在你心中的渴望就是你心的渴望，因為這些渴望為你而打造，所以你有能力去實現。

我想說的是，儘管在這個機器時代，相信心要你做的事不太「正常」，但你應該要相信。你的心比理智鼓吹你相信的更有智慧。多聽從你的心，一定會得益。

162

別讓另一個人的不順遂毀了你的一天

你很早起床。街上空無一人。世界是你的。你有過這種感覺吧。

你做了些運動，重燃你的火焰。聽一下音樂，或許喝咖啡，或許喝茶。然後在日記裡寫下感恩的對象，讓這一天更充滿快樂，寫了幾行字，引導自己在接下來的幾個小時要怎麼更貼近你到終點時一切應該如何呈現的設想。

晨間的例行公事讓你心情愉悅。你想得很正面，感覺超級強壯，準備讓自己有幸度過的這一天過得非常好。然後你碰到另一個人。

可能在你家裡。某個人起床了，一肚子火，想把你拉進他的消極裡。可能是一同搭火車的通勤者，用過大的音量玩手機遊戲。或許你去麵包店買餅乾，對櫃檯後的人開心打招呼，他卻只瞪著你，問你要什麼，然後不耐煩地把東西塞給你。

你看，只因為有這麼多人一天到晚心情不好，不表示你應該讓他們破壞你的人生。不要接入他們的能量，不要被拉進他們的軌道。你有能力保護自己的平靜，尊崇自己每天的意圖，按你的想法過活，不需要符合那些暴躁人內心的期待。因為不快樂的人喜歡分享痛苦，偷夢的人要你跟他們一起自憐自艾。

163

唸誦〈就和我一樣〉平靜祈禱文

佩瑪．丘卓（Pema Chödrön）是很有個人魅力的藏傳佛教阿尼，有一次聽她提到被人惹惱或激怒時她會做的禱告。

她靜靜坐著，進入內心，發誓要原諒他人的惡行，因為「他們就和我一樣」。

我不確定我的解釋能否清楚說明她的做法或真實傳達她的智慧。

我要說的是，她在不快樂的時刻中找到平靜，因為她察覺了另一個人造成的煩心也是她很有可能會做的事。

連結常見的人類弱點及共同的不完美，為她提供了寧靜。也讓她放鬆下來，同時為他人提供更好的服務。

我們每個人都很容易坐在最高審判之巔及自以為是的頂點，看別人做我們認定的錯事。

但花更多時間反省，積累覺察，我們常會發覺自己做了同樣的事。

或許在這個小小的星球上，另一位兄弟姐妹的惡行看似與我們的行為略有差異，但這裡的重點是我們也常犯下令自己深感不安的行為。

有鑑於此，對做錯事的人寬容一點。我們不知道他們經歷了什麼，還有他們正碰到什麼情況。然後，對自己也和善一點。你也經歷了很多事。

祈禱，來獲得原諒他人的力量，因為他們「就和我一樣」，可以讓我們放鬆下來。我們呼吸。我們接地。我們敞開。

然後得到內在的平靜與外在的正向，幫我們為其他人提供更多協助。

164

視獨處為新的地位象徵

眾人頌揚的印度智者帕拉宏撒．尤迦南達（Paramahansa Yogananda）說過：「隱居是偉大的代價。」我很愛這句話。

有時候，自我以及不安全感、恐懼和挫折叫得好大聲，讓我們聽不到靈魂的聲音。

撥出時間，經常獨處，是很聖潔的行為。獨自一人，變得超級靜止，是很神聖的舉動。為什麼？因為在靜默中，你會再度連結到最真實的自我。其他的你在說謊時，那個你保持誠實。其他的你在退縮時，那個你很勇敢。其他的你在怠惰時，那個你表現傑出。其他的你言行卑鄙時，那個你很有愛。

是的，我特別的朋友（這本書結束後，我會很想念在書頁上輔導你的時間），更常找時間去僻靜之處。到了那裡，思索你想創造出什麼樣的生活。反思你想代表的價值觀。並祈願有力量，在這一生剩餘的日子能激勵和鼓舞周圍的人，讓他們的生命更豐富。

最後一點：如果你一直在俗世中，你就無法盡責引導世界走向光明。

165

實踐「永保善良」的座右銘

俄國小說家兼哲學家托爾斯泰（Leo Tolstoy）觀察到「與永恆的善意相比，沒有什麼更能讓我們的生活或他人的生命更美好」；後面我會說一個我最喜歡的托爾斯泰小故事。

想要解除你的擔憂，消解所有的煩惱？那就全心為其他人解除憂慮、化解煩惱。不論去哪裡，都散播善意。

人們臨終時，最後悔的一件事常常是希望自己能以更感恩、更溫和、更慷慨的態度對待家人、朋友、同事及陌生人。

二十多歲的時候，我很幸運有一位導師，讓我學到很多打造豐富生命的道理。他的態度無懈可擊，是傑出的榜樣，深刻謙卑的典範。

在他過世前我們最後一次會面時，我問這位非凡的人物會如何建議我充分享受生命，他只說：「保持善良。羅賓，永遠保持善良。」

我從未忘記導師的智慧之語。我祈禱你也會記住。

166

做好事絕對不是壞事

最近，我去了地球上一個非常貧窮的區域。看到人們的掙扎，我覺得很心痛。總之，走到鎮上時，我在橋邊碰到幾名青少年。

「先生，請買個東西給我喝吧。」個子較高的那個說。

我繼續走，然後停了下來。轉過身，回到那幾個孩子旁邊。

「喝的，是什麼意思？」我問。「不是酒吧？」

「不是的，先生，就是可以喝的東西。或可以吃的食物。拜託。」

「跟我來，」我回應他。「我們去商店看看。」

高個子青少年跟著我走到了食品店。那段路要走十五分鐘，我邊走邊問他家裡的情況，他有什麼夢想和擔憂。

到了商店，他在入口前停下來。我以為他擔心店裡的人不讓他進去，他的衣衫襤褸，鞋子也破了。

「跟我來。」我很有禮貌地說。

他小心翼翼跟著我，走到了熟食區。

「你喜歡雞肉嗎？」我問。

他點點頭。「很喜歡。」

「我今天運氣太好了。」他咕噥著說。

「五隻烤雞大腿，五隻棒棒腿，還要五份大份的沙拉，謝謝。」我對櫃檯後的女人說，她戴著髮網，厚厚的鏡片放大了她的眼睛。

接過盒子，我拿給高個子青少年。他咧嘴一笑。

「謝謝您。」然後他大膽開口了，年輕人是該這樣。「可以要一瓶汽水嗎？」

「不行，」我回答。「我會買健康的東西給你們。」

他有些洩氣，看著我拿了幾瓶新鮮柳橙汁及紙盒裝的水。然後我們去結帳。

我付了錢，他拿起盒子，我們走進近午的陽光裡。

「祝你一切好運。」我只能想到這句話了。

「謝謝。」說完，他踩著輕快的步伐離開。

稍後，我跟住在城裡的朋友見面。我問他我是否做錯了，因為我不熟悉當地的文化，需要了解他們的習俗。

「你沒錯，可是之後再碰到他們，他們就會跟你要吃的。現在他們會覺得你好欺負。」與我站在街邊的朋友邊說邊喝了口咖啡。

我吃了午餐，然後走回我住的地方。經過一片草地時，我看到那名青少年。他正放聲大笑，和朋友一起踢足球。

看到我的時候，他大喊：「先生，謝謝您！謝謝您的食物，還有果汁。謝謝。我今天運氣太好了！我的朋友也很開心！」

沒有要求更多。沒有得寸進尺。放眼所及，沒有好欺負的對象。

只有一個充滿感激的人類。感謝這個舉手之勞。來自一個關心人類的人。

真的，我不是大師，也絕對不特別。但我要說：做好事絕對不是壞事。

在我的一生中，也有艱苦的時候，我碰到的每一個人本性都很善良。當然，人都有不順利的日子（或連續幾十年都很不順），每個人都有需要處理的弱點（及傷痕）。但是，大多數人真的心地善良，想做好事。

所以，有機會表現正直的時候，抓住這個機會。你可能再也不會碰到同樣的機會。幫助有需要的人並不光是你給他們的禮物，而是你送給自己的禮物。

167

仔細思索「失落的君主」法則

我要請你思考一個歷史悠久的法則：歷史上每一位國王、女王、總統、首相、帝王、偉大的戰士及標誌性的領袖都不再有人記得。在他們的年代，他們是巨頭。他們那一代的名人，眾人眼中的神，受數百萬人崇敬。現在，事實證明他們也會死去，變成蛆蟲的食物。

今日，他們當中有百分之九十九的人你我都不認識。我們只記得少數幾個真的很偉大的人。其餘的呢？姓名不明。被遺忘。幾乎不相關。簡直就像從未活過。

值得深思，對不對？即使達到我們文化所認定的成功頂峰，除了得到冗長的訃聞，以及在喪禮上有家人和幾個朋友發表感言，死後才過了幾個月，就再也沒有人會想起我們。

根據這項事實，你的工作就很清楚了：活你的人生。做你的夢。完成你的比賽。別再為了融入而活，別再照顧所有人的心情，別再擔心被群體拒絕（群體基本上只會帶你誤入歧途）。歷史上的英雄大多已遭人淡忘。因此，為什麼要如此看重與大多數人一起前進的需要，以致無法去過最明智的你想要的人生？

168

記著你只需要六英尺之地

幾年前，我常在我的領導力簡報中分享托爾斯泰的短篇故事〈多少地才夠？〉。這個故事說，一個很貪婪的人一心想著在他住的地方得到愈來愈多的土地，最後他決定搬家，以擁有更多土地。

他聽說，在很遠的地方有著肥沃到難以置信的土地，品質非常優異。他便前往該處，帶禮物給當地的領袖及討好族長。與他們會面時，這人說明來意，他想要很多很多土地。族長說，他在一天內能走過的地方，都可以劃給他。

貪婪的地主覺得這門交易有點怪，但他接受了。

族長說，交易只有一個條件：在太陽下山前，他必須回到起點，不然他就失去了白天走過的所有土地。

這人接受了，第二天一大早就開始走。他步伐輕快，但因為貪心，他加快了腳步，以便佔有更大的面積。到了中午，他開始小跑，好擁有更多地產。接近傍晚的時候，他跑了起來。看到太陽西下的初始徵兆，男人擔心了，害怕無法在日落前回到起點，會失去剛才獲得的一切。

他開始往起點衝刺，跑得愈來愈快，太陽也愈來愈低。過了一會兒，他已經上氣不接下氣，發覺貪求導致他走得太遠了。但他不肯放棄。

太陽快要移到地平線下方的時候，男人看見族長和領袖站在山丘上對他揮手，叫喊著要他跑快一點。他加快腳步，最後及時回到起點。族長很開心男人做到了。他累積了一大片豐饒的土地。太棒了！

但鮮血流出了男人的嘴巴。他的呼吸停止了。他的眼睛闔上了。

然後，村民為他挖了墳墓。從頭到腳，六英尺，就是這人真正需要的大小。

我想說什麼？幫助別人比獲取財物更有價值。施比受更有福。做個有用的人，比蒐集財物更有成就感。觀察歷史上最偉大靈魂的生命，我發現，他們每一個人都達到很高層次的意識，因此他們樂於服務的心意一定遠大於擁有的欲望。

有一次旅行時，我去了德蕾莎修女在印度加爾各答的傳道所，跟著嚮導走過幾個房間後，來到她每晚休息的地方。很驚人，這位女性得到世人尊崇，讓幾百萬人受惠，擁有的東西居然那麼少。徹底的極簡主義者。除了簡樸的床鋪和書桌，幾乎沒什麼物品。空蕩蕩的臥室。豐富的心。美好的心靈。

另一位苦行生活的大師甘地，過世時身邊只有幾件物品，包括他的金邊眼鏡、一個碗、一個盤子、涼鞋和他不離身的懷錶。他對物質財產就是沒有興趣。經由冥想、禱告、斷食及為同胞的自由而奮鬥，他來到一個狀態，從呼召得到的滿足感遠超過酷炫的跑車、手腕上戴著昂貴的手錶及擁有高級住宅區的房子。

同樣地，做對你最好的事。那是我對你最深切的期待。也要知道，在每一天成為他人的祝福，每日行善，便會得到真正的快樂、和平及長遠的個人自由。在那遙遠的未來，總有一天你只需要六英尺的土地。

169

開始愛的革命

我想請你幫一個忙，可以的話，好好聽我說，心甘情願地去做一件事，一件充滿熱情的事，我覺得會大幅提升你對活著的感受：發起愛的運動。對，一場運動。由你邁出第一步。

甘地的製鹽長征是重大的歷史事件，發展成數百萬人的起義，以非暴力的方式協助他的國家脫離外國統治，就從他的第一步開始。孤單的第一步。然後第二個人加入了，然後多了幾個人，印度的數十名同胞接續參與，最後每個人都捲入了他這場原本很瘋狂的夢想。

在實施種族隔離的悲慘日子裡，羅莎・帕克斯不肯到公車後方指定給深色皮膚人士的區域。司機告訴這位裁縫師，如果她不聽令行事，他會找警察逮捕她。「您就找警察來吧。」她柔聲回覆，但充滿尊嚴。她的反抗行為引發對公車的杯葛，促使民眾發起遊行和抗議，最終點燃了美國的非裔民權運動。

我要你發起自己的革命。對，我真的希望！一場出自愛的革命（吉他大師吉米・罕醉克斯（Jimi Hendrix）說：「愛的力量若能克服對權力的愛，世界就會看到和平」）。並提醒其他人更懂得關懷、尊重、有禮、積極和寬容，從小處開始。在你的長征中，一小步一小步前進。以具有象徵意義的手勢吸引更多跟隨者。未達成任務前，不要停下來，才能改變世界。

170

最光明磊落的決定
是最好的決定

今天早上我被推送了一條短影片，看到社群網紅嘶喊：「把自己放在第一位，不然你就輸了，大家都會佔你便宜。」

昨天我聽到一位頂尖名嘴提到他如何衡量自己的成功，就是看死後有多少人來參加他的告別式。

上星期則聽到一位領袖談到世俗權力的本質，以及有些人會用什麼行動從別人手中奪取權力、操弄打交道的對象，並登頂以享有一切。

我想先說清楚，人生之所以偉大，就是每個人都可以有自己的意見。我也非常尊重言論的自由。

但我對宇宙的看法就是與很多人不一樣。我猜你跟我一樣。所以我們才有共鳴，對吧？

我也需要在對話中加入我的觀點，供你思索，然後你自己做結論，找出最適合你的真理。

我就開始吧……

……強壯、有智慧而偉大的人類非常在意他人的幸福。當然，不要當濫好人。如果你願意讓別人佔便宜，有些人絕對不會留情。想也知道吧，所以不要那麼天真。我知道你想要自尊、快樂和平靜的感受，但我不覺得做法是以自己為一切的中心。如果你很善良，有人向你需索，你是勝利者——不是他們。因為你有機會行善。

還有……

……有多少人來參加你的告別式，有什麼關係？你已經死了。萬一沒有人來參加我的告別式呢？那又怎樣？為什麼要用這個條件來衡量成功？我猜，梵谷死去時身邊沒有其他人。他的人生便因此不成功了嗎？不，他過得不同凡響。我覺得他是位英雄。那些默默生活、正直無比的園丁或掘墓人，充滿尊嚴地工作，活得有文明、智慧、慈悲與榮譽，離世時只有幾個人參加他們的葬禮，那又怎樣？他們在我的書裡，都是贏家。絕對的冠軍。

而且……

……為什麼得到權力常常意味要踩著別人往上爬？你的心不會受到譴責，你的靈魂不覺得非常難受嗎？只有我有那種感覺？還是你也有同感？與摧毀其他人對比，你不覺得幫其他人提升真能帶來很多力量嗎？幫助他人認識他們的天賦，而不是大聲宣傳自己，也一樣吧？在這個有太多陰影的星球上，何不成為閃耀的光？

你真能遵循那些用心良苦的大師提供的建議來得到你想要

的一切嗎？我不認為。相反地，我建議你去確認這些不太尋常的事實：

……關懷別人很酷。

……有禮貌才時髦。

……可靠是炙手可熱。

……謙遜是時尚。

……節儉很性感。

……耐心是力量。

……無私能激勵他人。

最後我想用一個很珍貴的故事來說明為什麼我們一定要做最光明磊落的決定，邁向傑出、充滿喜悅及真正富裕的人生。

二〇一二年，西班牙運動員費南德茲·安納亞（Iván Fernández Anaya）在西班牙北部納瓦拉區的越野賽中跑出第二名。

領頭的是頂尖跑者阿貝爾·穆太（Abel Mutai），曾在倫敦奧運贏得銅牌。勝券在握的穆太在終點線前十公尺的地方停了下來，以為跑完了，眾人都不敢相信。

費南德茲·安納亞並沒有加速超過在他前面的穆太以贏得勝利，反而停下來鼓勵滿臉疑惑的對手繼續跑，取得他應得的獎項。

「我不該贏，」這位二十四歲的西班牙運動員說。「他才是名副其實的冠軍。如果他沒搞錯，我根本追不上他已經拉開的距離。」

看到這樣的性格與無私，真的令人滿心喜悅。感覺有種魔力。

讓我們頌讚光明磊落的決定，並一直朝著這個方向前進。

171

在今天吃下你最後的晚餐

為了讓你的日子更有意義，我建議你決定哪一餐是你最後的晚餐，然後把這頓飯吃掉。

上個週末，我跟艾兒去了羅馬。出外遊玩時，我喜歡午餐吃得好一點，晚上只吃一點點或不吃。這麼一來，白天玩得很充實，傍晚則感覺健康又安靜（也會讓我睡得更沉）。這種飲食安排會讓我隔天很容易早起，就可以祈禱、冥想、運動、寫日記和閱讀——你懂我的意思吧，基本上保證第二天也能過得很好。

我們邀請兩位朋友去一家我很喜歡的餐廳共進午餐。餐廳在羅馬的鮮花廣場（Campo de'Fiori）附近——十六世紀的傳奇思想家喬達諾・布魯諾（Giordano Bruno）因為散播革命思想，在廣場上被活活燒死。但那個故事我準備之後再告訴你，或許等我們有機會碰面的時候吧（我很期待能與你相遇）。

我們都點了小盤的羅馬美食。噢，那個布拉塔乳酪！一種義大利的牛奶乳酪，成分有鮮奶油和莫札瑞拉乳酪。裡面有絲翠奇亞乳酪，像奶油一樣，黏糊糊的，這種質地很奇妙的小碎塊彷彿來自天堂。相當棒。又極為簡單。

我們在那裡待了四個小時，笑聲不斷，聊了很深入的話題，也有閒聊，過了約莫兩個小時後，我問眾人：「生命中的最後一餐要吃什麼？」我覺得這個問題很有趣，可以激發有意思的對話。

我的朋友是一位出名的DJ，立刻滔滔不絕，說到他最喜歡的義大利麵、明火燒烤的肉，及他一定很喜歡的配菜。

每個人都說得很開心。我們提到很多食物。輪到我的時候，我承認我要先吃甜點（請來一份新鮮瑞可塔乳酪，細心淋上生蜂蜜）。

「羅賓，你的重點是什麼？」我這位傾心奉獻但也有點年紀的導師讓你納悶了。

「很簡單，」我會輕聲回答。「在忙碌不斷的文化裡，若你能記住生命的短暫，並重新連結到你的死亡，就更有力量去拒絕某些邀請，因為它們不能讓你靠近在生命的暮光時分想去的地方。你也會更有力量去選擇那些必要的探索和重大的機會，讓你前進到一個令人驚奇的地方。」

你可以先定義你的最後一餐，然後盡情享受。就排在今晚吧。

172

做三件匿名的善行

今天，出門，走進這個充滿厭倦、危機重重、有太多自私行為的世界，為三個人完成三件基本卻美好的人性行動；他們甚至不知道來自於你，因為匿名的寬容才有意義。猶太少女安妮・法蘭克（Anne Frank）在日記裡寫下：「沒有人因為施予而變得貧窮。」作家尼爾・蓋曼（Neil Gaiman）也說：「我希望你的夢危險而駭人聽聞，你才能製造出前所未有的事物，並一直保持善良。」

我不確定哪三件善行最能引起你的共鳴，也不確定今天你會撥出時間做哪三件事。但我確實知道，正直帶有骨牌效應，接收到的人在度過這一天時會更願意關懷別人。對，你真的可以讓世界變得更好。一次改變一個人就夠了。

最近在巴塞隆納的飯店，我和一位總是帶著微笑的門衛聊天，他叫艾爾伯托。我提到，按著他一貫的正向，如果他每天讓一百位客人和路人在碰到他以後心情變好了，那麼過了五天，他將會影響和鼓舞五百個人。我又說：「艾爾伯托，一個月就是兩千人，一年下來則是兩萬四千人。」他沒說話，抬眼看著天空。

我並沒有住口，接著說：「十年後，你的善良與慈悲將會感動將近二十五萬人。」眼淚充滿了艾爾伯托藍色的大眼睛。

就在那裡。就在我面前。就在巴塞隆納那條高雅的街道上。

絕對要好好想一想：每天只要對三個人表達善意，意味著過了一個月你就提振了九十個人，一年一千零八十個人，十年就是一萬零八百人，以平均壽命來說，一生幾乎有一百萬人（不過，我希望你能活得比平均壽命更長）。

你當然可以成就規模那麼大的改變。從各方面來說，儘管你可能不知道，但其實你早就做到了。

173

你不知道自己有多重要

在這一刻，每一個活著的人都不是多餘的。每個人都擁有才華、奇蹟與驚人的力量。*每個人都很重要*。每個人都會造成衝擊。對，真的、真的、真的就是在說你。

社會總愛把億萬富翁、運動明星及名人推上神壇。他們出門有車隊護送，受到貴賓級的待遇，走到哪裡都有大批粉絲湧入歡迎，希望與他們合照。然而，有個單親父親／母親，做三份工作養活一家人，在苦難中依然面帶微笑，一直擔任孩子的好榜樣，就不會觸動我們嗎？

也有默默工作的圖書館員、老師、照護老人的助理或清潔工，為許多人的利益努力，得不到名聲、財富或讚美，卻溫柔地影響了許多人的生命，又該怎麼說？

我們不該把他們的名字做成燈飾、找他們簽名、為他們的努力歡呼，並立起高大的紀念碑來珍視他們的付出嗎？

我只想說，在這個時代，大多數人崇敬錯了對象。

這又讓我想起了你。我不確定你在生命進程的哪一段——

可能在頂點，可能在谷底。但我真的非常希望能提醒你，認真地提醒，你確實有魔力，有需要實現的潛力，以及真的有能力帶給人性大膽的衝擊。或許只有一點點，也一樣彌足珍貴。

174

舉辦生前告別式

在你死後，找人來說起你的信念、成就與勇敢，太浪費了。

你已經埋進土裡，或成了一堆灰，放在骨灰罈裡，聽不到他們的致意。

照我說，該怎麼辦？舉辦一場生前告別式。真的。我不是開玩笑。生前的告別式。

安排一個時間。送出邀請函。訂一個蛋糕（最好是巧克力口味）。說不定上面可以放一些新鮮的雛菊（雖然看起來很奇怪）。

告訴你愛的人你要做一個實驗，你希望活得像你快要死了。你想要用這個儀式來提醒自己，生命一眨眼就過了，所以你很興奮，能讓你的存在變得更鮮明、更有創意、更熱烈。

讓你愛的人知道，你需要假裝你已經死了。提醒你生命的意義，看見生命中一切脆弱的榮耀及精緻的莊嚴。

向他們解釋，你想召集對你來說最重要的人。聽聽在他們心中，你有什麼優點。告訴他們你對他們的感受。讓你說出你學到的功課、你承受過的試煉及你享受過的勝利。說到愛，以及眼前的這些人對你有多重要，感謝每一個人送給你的祝福。

這讓我想起在寫《和尚賣了法拉利》時研究的一個故事，好多年前的事了。故事說，很久很久以前，印度有一位偉大的大君，每天早上的習慣怪得不得了：他會舉辦自己的喪禮，並搭配音樂和鮮花。同時，他會吟唱：「我活得很豐富，充滿熱情，活得很神奇，幫助許多人。」

我問我深愛的父親為什麼這個人每天日出時都要做這件事，父親臉上出現了智慧的微笑：「羅賓，很簡單。這個人已經建立一套儀式，在每天開始時提醒自己，這一天可能是他的最後一天。大君用這個方法讓自己連結到死亡。提醒自己，今日或許就是生命的最後一日，所以他要按著自己的想法活得充實。」

沒錯，舉辦一場生前告別式。或許，這一天會變成你新的誕生日。

175

活得充實，才能空手死去

我會想念你。在你創造充滿真實富裕與真正財富的人生時，謝謝你讓我提供服務——我相信，到了最後，你會非常驕傲自己活過了這一生。

寫最後這一段訊息時，我在老農舍裡。我非常感激能與你共度這段時光。今天的早晨有點冷。背景播放著甜美的鄉村歌曲。鳥兒啁啾，我疲憊的雙眼看到遠處過了橄欖園的地方，山丘上飄浮著霧氣。我的心告訴我，很棒的禮物將來到你面前，你的未來耀眼無比。恭喜你。你是我很特別的遠距離好友，你值得最好的一切。

我不會佔用你太多時間。我誠心希望，這一段一起走過的路帶給你激勵，讓你的生命更豐富，也願意虔心應用我虛心教給你的功課，讓我的話進入你的生命，也變成你新的生活方式。

而我對你最深切的期待，可以很簡單地說成：*活得充實，以便空手死去。*

這讓我想起蕭伯納的一段話：

> 這是人生中真實的喜悅，為自己認為偉大的目的而努力。成為自然的力量，而不是一個狂熱、自私的小笨蛋，一身病痛和不滿，抱怨世界不肯努力給你幸福。在我死時，我希望自己被徹底用盡，因為我愈努力，我就會活得愈久。我為生活本身感到歡欣鼓舞。對我來說，生命不是「短促的燭光」。是一道輝煌的火炬，能在這個當下抓住，而在傳給未來的世代前，我也想讓這火炬燒得愈燦爛愈好。

再次感謝你，在我雜亂的書房裡陪著我（還有我的小狗超級好友，她就在旁邊，等我帶她去散步），也陪伴我遊過這個美到極致、傑出非凡、非常值得拯救的星球。我確實希望能在某個時刻、某個地點、某個城市遇見你，繼續我們的對話。繼續聊金錢買不到的財富。

美好的靈魂，保持你的美好。繼續相信你的夢，做自己的頭號粉絲。在前面等著你的，非常棒。而且，別擔心……即使我不在你身邊，我依舊是你的遠距離導師，會看著你成長、興旺，享受你最富裕的人生。

加入「金錢買不到的財富」運動

與其他人一起發展最富足的人生，為世界帶來改變，你可以把你體驗到「金錢買不到的財富」拍成短影片或拍照。最佳作品將發布在網路上。

素材可以包括……

……執行你的晨間儀式。

……走在自然美景中。

……與家人共度快樂的特殊時刻。

……做熱愛的事，靈感源源不絕。

……克服艱難的挑戰。

……享受美好的一餐。

……用你的工藝產出偉大的作品。

……冒險以克服恐懼。

……前往你喜歡的旅遊地點。

……帶來正向的改變。

你可以到我們的網站thewealthmoneycantbuy.com分享你的影片，取用絕佳的學習資源，加入同好的行動，他們和你一樣正努力活出最美好的人生。

金錢買不到的財富 / 羅賓.夏瑪(Robin Sharma)作；嚴麗娟譯.
-- 初版. -- 臺北市：春天出版國際文化股份有限公司, 2025.06
面 ； 公分. -- (Better ； 51)
譯自：The Wealth Money Can't Buy : The 8 Hidden Habits to Live Your Richest Life
ISBN 978-626-7735-06-0(平裝)
1.CST: 成功法 2.CST: 生活指導

177.2 114006293

金錢買不到的財富

The Wealth Money Can't Buy:

The 8 Hidden Habits to Live Your Richest Life

編　　著◎羅賓・夏瑪
譯　　者◎嚴麗娟
總 編 輯◎莊宜勳
主　　編◎鍾靈
出 版 者◎春天出版國際文化股份有限公司
地　　址◎台北市大安區忠孝東路4段303號4樓之1
電　　話◎02-7733-4070
傳　　真◎02-7733-4069
E－mail◎frank.spring@msa.hinet.net
網　　址◎http://www.bookspring.com.tw
部 落 格◎http://blog.pixnet.net/bookspring
郵政帳號◎19705538
戶　　名◎春天出版國際文化股份有限公司
出版日期◎二〇二五年六月初版
　　　　　二〇二五年八月初版三刷
定　　價◎520元

總 經 銷◎楨德圖書事業有限公司
地　　址◎新北市新店區中興路2段196號8樓
電　　話◎02-8919-3186
傳　　真◎02-8914-5524
香港總代理◎一代匯集
地　　址◎九龍旺角塘尾道64號 龍駒企業大廈10 B&D室
電　　話◎852-2783-8102
傳　　真◎852-2396-0050

ISBN 978-626-7735-06-0